망할 토마토, 기막힌 가지

망할 토마토, 기막힌 가지

초판 1쇄 발행 • 2014년 12월 15일
개정판 1쇄 발행 • 2025년 4월 28일
개정판 2쇄 발행 • 2025년 9월 18일

지은이 / 박찬일
펴낸이 / 염종선
책임편집 / 이주원 곽주현
조판 / 신혜원
펴낸곳 / (주)창비
등록 / 1986년 8월 5일 제85호
주소 / 10881 경기도 파주시 회동길 184
전화 / 031-955-3333
팩시밀리 / 영업 031-955-3399 · 편집 031-955-3400
홈페이지 / www.changbi.com
전자우편 / lit@changbi.com

ⓒ 박찬일 2014, 2025
ISBN 978-89-364-8080-6 03810

* 이 책 내용의 전부 또는 일부를 재사용하려면
  반드시 저작권자와 창비 양측의 동의를 받아야 합니다.
* 책값은 뒤표지에 표시되어 있습니다.

망할 토마토, 기뮤현 가치

박찬일
에세이

창비

프롤로그

지리산 골짜기에 간 적이 있다. 농촌 이주자들, 혹은 그저 도시가 싫어서 농촌으로 떠나온 사람들을 불러 모아 짧은 요리 강의를 했다. 작물의 재배량을 늘리는 기술이라든가 자식 명문대 보내는 방법 같은 내용이 아니었는데도 반응이 뜨거웠다.

그날의 주제는 '스테이크 잘 굽기'였다. 맙소사, 내가 제대로 감을 잡고 온 걸까. 시골(!)이니까 호박오가리떡이나 토종닭 요리법을 알려줘야 하는 것은 아닐까 걱정이 되었다. 결론적으로 강연은 엄청난 열기를 떠었다. 심지어 '팬을 달구는 기름으로는 무엇이 좋은가' 하는 질문까지 받았다. 당연한 얘기지만 그들도 스테이크를 굽고(토종된장국도 지겨워!), 스파게티를 삶았다(비빔국수도 하루이틀이지!).

도시든 시골이든 음식을 향한 사람의 욕망은 비슷하다. 다만 도시에서는 돈이 없어서, 시골에서는 사 먹거나 해 먹을 방법이 없어서 나 같은 떠돌이 요리사의 강연에 귀를 쫑긋했던 것이었다. 사람 사는 곳은 어디나 고만고만하다. 지리산에서도 텔레비전을 켜고 유명 요리사가 나오는 프로그램을 본다. 프로그램에서 본 안심 스테이크거리를 사기 위해서 도시에서와는 달리 미리 주문을 해야 한다는 게 다를 뿐이다.

요는 강연이 끝나고 나서였다. 서울에서 흔히 그러듯 어디서 파는 스테이크가 맛있더라, 어디 백화점 고기가 좋더라는 수다와는 결이 다른 이야기들이 흘렀다. 이 산골짜기에도 축사가 많아서 토양과 수질이 나빠진다, 도시 사람들은 시골의 낭만을 상상하지만 들에 나가면 돼지와 닭똥 냄새를 피할 수 없다, 모두 도시로 팔려가기 때문에 고기를 생산하는 이곳에 오히려 좋은 고기가 없다, 시골은 이미 경제 공동체가 무너졌다, 소비력도 없는데다 생산한 것들은 죄 도시로 인터넷으로 내다 팔기 바쁘다……

미식과 음식의 철학은 도시의 식탁 위에서 이루어지는 담론이다. 생산자는 철저하게 배제된다. 생산자들을 만나러 농어촌에 가면 더러 밥상을 받게 되는데, 제일 먼저 듣는 인사가 "좋은 건 다 팔아치우고 우리는 이렇게 소박하게 먹어요. 미안해요"다. 도시의 미식을 떠받치는 생산자들이지만, 정작 그들은 도시인의 시각에서 보면 가장 낮은 단계의 미식을 누리고 산다. '쉑쉑버거'도 없고 '드라이에이징 스테이크'도 없다. '오마카세 스시야'의 '우니와 노리마키의 환상적 조합을 특별히 내어주는 셰프' 역시 만날 수 없다.

먹는 일은 두가지 동력을 얻기 위한 것이다. 하나는 세포에 에너지를 공급하는 것이고 다른 하나는 그 과정에서 기왕이면 혀에 즐거움을 주는 것이다. 그런데 이 두 목적만으로는 시중의 말로 '다 똥으로 나오는 건 마찬가지인데 왜 그리 먹는 걸 따지냐'는 빈정거림에 대한 기본적인 해명이 어렵다. 무엇을 어떻게 먹는가는 사람의 정신적 행위와 연결된다. 이러한 논의를 흔히 '맛의 인문학'이라고도 부른다.

어처구니없는 일이지만, 매년 6월 25일이 되면 보수 단체에서 청소년을 대상으로 주먹밥 먹기 체험 행사를 연다. 기왕이면 살수대첩 당시 고구려군의 전투식량 체험도 했으면 좋겠지만 고증 부족(?)으로 아마 불가능할 것이다. 어쨌든 그것도 맛에 대한 인문적 행위다. 음식을 통해 기억을 소환하고자 하는 시도이다. 의도가 별로 마음에 들지 않을 뿐이지만.

유대인들이 효모가 없는 맛없고 딱딱한 빵을 씹으며 계율을 실천하고 고난받았던 조상을 기억하려는 것도 마찬가지다. 그건 조리법과 미각 이전의 '사람의 존재 가치'에 대한 공감이다. 밥상 앞에서 감사 기도를 올리는 이들이 있다. 여기에는 신을 향한 감사도 있겠지만, 음식을 준비한 이들, 재료를 짓고 포획한 이들, 이것을 먹을 수 있는 나 자신의 존재에 대한 감사도 있을 수 있다. 먹어서 존재하는 것! 그 절대적 명제에서 우리는 삶의 중요한 단서들을 포집한다. 어째서 서양식 레스토랑에서 파는 스파게티는 이만원이고 한식당의 국수는 팔천원인가. 마요네즈와 색소를 올린 날치알롤은 이만원인데 김밥은 오천원인가 하는 데 의문을 갖는 것도 인문학이다.

    소설가 권여선이 쓴 책이 생각난다. 그이가 즐겨 먹는 술안주에 대한 기억을 아프고도 유머러스한 필치로 그려낸 수필집(『술꾼들의 모국어』, 한겨레출판 2024)이다. 모든 음식은 술에 곁들이면 안주가 된다는 평범한 진리(?)를 그토록 흥미롭고도 쓸쓸하게 묘사하기란 쉽지 않은 일이다. 식은 콩나물국이나 젓갈 한종지도 그이에게는 완벽한 안주가 된다. 음식의 열량과 제조법이 아닌 술안주로 간택된 사연이 담담하게 이어진다. 읽고 나면 작가가 펼쳐놓은 상에 다가앉고 싶

프롤로그

고, 이 사람이 즐겨 찾는 식당에 불쑥 가서 겸상하며 소주를 마시고 싶은 충동을 겪는다. 아마도 책을 제대로 읽었기 때문일 것이다. 음식이 왜 사람과 글에 사무치는지 돌아보게도 된다. 그것이 결국 우리가 살아가면서 맞닥뜨리는 '음식과 그것을 먹는 일'에 깊이를 더한다.

나는 요리를 배우면서 레시피를 수집하고 칼질을 하며 원가를 계산하고 마케팅을 공부했다. 이른바 전문 요리의 세계다. 그러나 돌이켜보면 진짜 요리는 어머니가 콩나물국을 끓이실 때 곁에서 마늘 까는 일을 도와드리고 콩나물 껍질을 수습하며 어머니의 움직임과 마음을 지켜보는 일이 아니었던가.

유명 요리사들이 뛰어난 요리책들을 수도 없이 펴냈다. 레시피가 훌륭하고 사진이 멋지다. 그러나 가장 중요한 부분은 서문이다. 그가 어떻게 요리를 시작하게 됐는지, 감명받은 일은 무엇인지, 어머니가 해주시던 음식은 무엇이었는지, 절절한 추억이 거기 실려 있다. 최고급 요리도 결국 언술의 영역에, 다시 말해 인문의 영역에 있음을 다시금 깨닫게 된다. 어쩌면 그게 전부일 수 있다. 김치를 익히는 건 발효기술만이 아닌, 거기에 더해진 식구를 먹이려는 어머니의 마음일 테니까.

차례

프롤로그　5

1부 ─────────── 그 맛, 상상해보시라

　토마토, 망할 토마토　014
　하지의 구원자, 감자　022
　가지 요리도 가지가지　028
　어른이 되는 맛, 콩나물　034
　알프스엔 쌀이 있다　039
　닭은 껍질이 상수다　050
　천의 가능성, 달걀 1　057
　천의 가능성, 달걀 2　065
　경계 없는 반죽, 메밀　073

2부 ─────────── 혀끝에 닿은 바다

　봄이 오면 달그락, 조개　082
　그 여름, 마법의 홍합　091
　얇게 저민 파도 한자락, 어란　100
　아귀, 숨어서 먹는 맛　106
　바다의 소, 대구　116
　아이슬란드 홍어, 그들은 차별하지 않는다　123

3부 — 필살의 재료, 장인의 비기

비장의 닭꼬치　130

비계는 억울하다　138

통각과 미각의 은밀한 내통　144

여수 연등천 45번집　154

무아경의 기술, 굽기　161

전주의 국밥, 제노바의 파스타　168

4부 — 추억 한그릇, 그리움 한잔

서울운동장을 기억하십니까　178

부대찌개, 이빨 자국을 찾으십니까　186

학교 앞 떡볶이집 사장님, 죄송합니다　193

라면이 좋아　199

소시지, 분홍 소시지　205

을지로에서 혼자 마시기　211

안녕, 맥도날드!　215

음식은 추억에 색채를 입힌다　220

새로 쓴 작가의 말　224　　　작가의 말　226

그 맛, 낯설어라

1부

토마토,
망할 토마토

　망할 토마토. 그렇다, 나는 그렇게 부른다. 이탈리아에서 요리를 배울 때의 일이다. 일하는 식당에서 사장이 내게 토마토를 사 오라고 했다. 그가 저녁에 팔 빨간 새우가 들어가는 리소토에 넣을 토마토가 부족했기 때문이었다. 그와 종종 시장에 가곤 했기에 그러마고 했다. 그가 뭐라고 더 말을 했는데 내게 하는 말인 줄 몰랐다. 나중에 사달이 날 줄도 모르고 나는 건성건성 "씨, 씨(그래그래)" 했다. 시장에 가서 붉고 예쁜 토마토를 골랐다. 길쭉한 종처럼 생긴 토마토였다. 신나게 사 들고 사장 겸 주방장에게 내밀었다. 그가 화를 냈다. 심부름해줬더니 왜 화를 내? 그가 화를 거두고 차근차근 말했다.

　"시장에 토마토가 몇 종류 있던?"

나는 아차, 싶었다. 그는 특정 품종을 주문했고, 나는 토마토만 생각했다. 시장에 있던 토마토는 열 종이 넘었다. 같은 종이라도 원산지가 다 달랐다. 나는 그저 예쁜 '토마토'만을 생각했는데, 그는 어디에서 생산된 이러저러한 토마토를 말했던 것이다. 죄송해요 사장님, 빌어먹을.

그렇게 배운 나는 귀국 후 한국에서 물정도 모르고 채소 공급상에게 전화를 걸었다. "토마토는 어떤 종이 있나요?" 그의 대답은 이랬다.

"네, 종류별로 있습죠. 찰도마도랑 방울도마도입죠."

다른 이는 모르겠지만, 내게 토마토 하면 떠오르는 첫 번째 질문 — 아마 나와 비슷한 이들이 많을 듯하다 — 은 '토마토는 과일인가 채소인가'이다. 자못 유치한 이 질문은 여러 복잡한 주장을 떠올리게 한다. 과학자들은 분류학적으로 토마토를 과일이라고 부른다. 위키피디아에 따르면 과일이란 꽃 피우는 식물의 씨방이 발달한 것이므로, 토마토도 과일로 본다고 한다. 분류학적인 내용이 아니라 세금 때문에 토마토가 채소로 지정된 적도 있다. 뭐든 판례를 찾기 좋아하는 미국인들의 경우다. 1887년의 일인데, 채소에만 세금을 붙이는 관세법이 통과되면서 토마토는 어디에 놓느냐는 논쟁이 일었다. 결국 연방대법원은 토마토를 채소라고 규정했다. 이유는 '토마토는 후식으로 나오지 않기 때문'이었다.

그런데 그런 관점으로 보면 한국에서는 과일이다. 당신의 기억은 어떨지 모르겠으나, 내 최초의 토마토는 '설탕에 절인 토마토'였다. 기실 6월, 7월은 번번한 과일이 없다. 복숭아나 포도가 나오기에는 이르고, 참외나 수박도 만물이 나올까 말까 하는 시기다. 요새는 비닐하우스에서 재배하므로 출하 시기가 대폭 당겨졌지만, 노지재배만 하던 때에는 그렇게 계절만 바라보며 과일을 먹어야 했다. 이럴 때 토마토가 딱 맞았다. 그런데 문제는 별로 달지 않다는 것. 그런 점에서 토마토는 과일이 아니다. 단맛이 제법 있기는 하지만 그렇다고 과일처럼 아, 달다 할 정도는 아니니까. 그러니 설탕에 재워 먹는 방법을 썼다. 과학적으로 토마토와 설탕은 상극이라고 하지만, 이게 보통 맛있는 게 아니었다. 특히 토마토를 다 먹고 나서 차가운 그릇에 남아 있는 설탕물이 정말 엄청났다. 토마토 씨 덩어리가 점점이 떨어져 있고, 진한 즙에 미처 입자가 녹지 않은 설탕이 서걱거렸다. 그걸 후루룩 마시거나 숟가락으로 퍼 먹었다. 큰누나가 이것을 내게 주지 않고 혼자 먹어버리는 바람에 운 적도 있다. 최근에 이게 먹고 싶어서 일부러 해 먹어보았는데, 참 실망스러웠다. 어머니가 해주시던 게 아니어서 그랬을까. 토마토가 바뀐 탓일까.

이탈리아는 토마토의 나라다. 원산지야 당연히 아메리카이지만, 그것을 가장 아름답게 꽃피운 나라는 이탈리아다. 시장에 가면 색깔도 가지각색이다. 파란 것, 노란 것, 붉은 것, 붉은데 초록이 박힌 것, 거무튀튀한 것, 새빨간 것…… 모양도 다양하다. 고추처럼 길쭉한 것, 종처럼 생긴 것, 울퉁불퉁한 것, 아주 큰 것, 공처럼 동그란 것…… 여기에다 생산지별 분류가 또 있다. 그러니 토마토 가게는 대단한 지식과 경험이 없으면 운영할 수 없을 것처럼 보였다.

그곳 식당에서 일할 때 놀란 건 토마토를 이용하는 법이었다. 우선은 구웠다. 초록빛이 도는 단단한 토마토를 넓적하게 썰어서 철판에 구웠다. 여기에 리코타치즈를 얹고 질 좋은 올리브유를 뿌려서 곁들임 요리로 썼다. 아주 맛있는 요리다. 튀기기도 했다. 빵가루 대신 세몰리나라고 부르는 결이 좀 굵은 경질 밀가루를 슬쩍 묻혀서 튀겼다. 이것도 사각거리는 맛이 일품이다. 빨갛게 잘 익은 동그란 토마토를 샐러드에 쓰기도 했다. 이때는 툭툭 썰어서 채소와 버무려서 냈다.

일반적으로 소스를 만드는 데 쓰는 토마토는 '산 마르차노'(San Marzano)라고 부르는 품종이다. 종처럼 생겼는데 흔히 영어권에서 플럼 토마토(plum tomato)라고 부르는 종이다. 이 토마토가 소스에 적합한 데에는 이유가 있다. 우선 껍질이 잘 벗겨지고 씨가 적으며 과육의 양이 많다. 그리고 아주 달고 새콤하다. 소스로 쓰기에 최적이다. 이 토마토는 이탈리아 중남부 지역 대부분에서 재배된다. 그중에서도 최고는 우리도 잘 아는 나폴리 일대에서 나는 토마토다. 특별히 이 지역의 토마토에는 'DOP'라는 딱지가 붙어 있다. 유럽연합에서 인증한 원산지 보증 토마토라는 뜻이다. 이 지역의 토양은 화산재로 시커멓다. 화산 분출로 몰락한 폼페이가 바로 여기에 위치한다. 당연히 토양이 검고 윤기가 흐른다. 나폴리를 벗어나 시골 내륙으로 들어가면 아주 볼만한 광경이 펼쳐진다. 검은 흙에 파란 하늘, 푸르고 빨간 토마토가 익는 풍경. 이런 걸 우리는 흔히 '그림'이라고 한다. 그런데 보기는 좋으나 수확하기는 좀 까다롭다. 과육이 무르기 때문에 대체로 손으로 따야 한다. 주로 이른 새벽이나 밤에 작업을 한다. 그렇게 딴 비싼 산 마르차노는 귀하게 팔린다.

이런 환경에서 토마토를 보다가 한국의 식당에서 일하자니 놀라울 수밖에 없었다. 업자에게 토마토를 주문할 때는 특별히 방울토마토가 아니면 전화로 이렇게 말할 뿐이었다.

"토마토 3킬로그램……"

그게 끝이었다. 이탈리아 같으면 이랬을 것이다.

"포모도로 산 마르차노 디 살레르노 3킬로, 포모도로 잘로 페르 인살라타 2킬로(산 마르차노 품종 살레르노산으로 3킬로그램에 샐러드용 노란 토마토 2킬로그램)……"

폐업을 해서 이젠 전설이 된 식당 '엘 불리'의 주방장 페란 아드리아는 토마토를 두고 아주 멋진 말을 한 적이 있다.

"토마토만 이해하는 데도 평생이 필요하다."

요리의 어려움에 대해서 역설하느라 토마토를 거론한 것이겠지만, 어느 정도는 사실이기도 하다. 나는 토마토 하나만 잘 요리하는 데에 평생을 써도 모자라다고 인정한다.

한국에서도 제철이라면 토마토로 소스를 끓일 수 있다. 토마토가 농익고, 충분히 붉은 색깔이 나올 수도 있기 때문이다. 그렇지만 대개는 간편하게 수입한 소스를 쓰는 경우가 많다. 나는 이탈리아 음식 요리사이니 토마토소스를 어떻게 만드느냐, 어떤 걸 사야 하느냐 하는 질문을 받곤 한다. 소스를 끓이는 최선의 방법은 간단하다. 복잡한 것을 다 포기하고, 그저 가장 잘 익은 토마토를 믹서에 간 뒤, 부피가 절반이 될 때까지 줄이는 게 전부다. 토마토소스를 더 맛있게 하는 온갖 요리법이 있지만, 결국은 열을 가해 토마토 부피를 줄이는 것, 이것이 핵심이다.

흔히 카프레제 샐러드라고 해서, 생모차렐라 치즈에 토

마토를 곁들여내는 요리가 아주 인기다. 카프레제(caprese)란 카프리(Capri)섬의 요리, 또는 카프리섬 사람이라는 뜻이다. 바질을 얹어서 내는 게 정석인데, 오레가노를 뿌리기도 한다. 발사믹 졸인 것을 뿌려 먹는 풍습은 카프리 지역에는 없는, 한국식 요리다. 발사믹 식초는 북부에서 주로 쓰이고, 이 지역에서는 화이트와인 식초나 레몬즙을 주로 쓴다.

집에서 나는 요리하지 않는다. 요리할 시간이 없다. 요리사들은 아침에 나와서 오밤중에 기어들어간다. 그나마 일주일에 하루 쉬는데 그 시간에도 나는 타자를 쳐야 한다. 오직 단 하나의 요리를 한다. 딸아이가 토마토소스 스파게티를 해달라고 할 때다. 짜장면처럼 풍성한 소스의, 푹 익은 스파게티를 만든다. 딸아이의 요청으로 하는 요리이므로 즐겁다. 요리란 제 부엌을 떠나며 제멋대로 큰다. 이탈리아의 '얇고 섹시한 붉은 셔츠' 같은 토마토소스 파스타를 이 땅에서 굳이 만들 필요는 없다. 그런 말을 해준 것은 한 이탈리아 친구였다.

"이탈리아인들은 미국식 토마토 파스타를 경멸해. 그런 건 카우보이 파스타라고 불러. 우리는 아주 얇고 실크처럼 부드러운 옷을 입은 파스타를 좋아해. 파스타는 말이지, 면을 먹기 위한 것이지 소스를 먹자고 만드는 게 아니라고."

파스타의 유행은 토마토의 주산지인 나폴리 인근에서 시작됐다. 이 지역에서 파스타의 원료가 되는 경질 밀이 생산됐기 때문이다. 토마토와 파스타는 궁합이 좋다. 파스타 하면 떠오르는 게 토마토 파스타니까. 그러나 놀랍게도 이탈리아인들이 파스타에 토마토소스를 뿌려 먹기 시작한 건 그리 오래된 일이 아니다. 아마도 토마토의 관능적인 매력이 눈에 들면서부터였을 것 같다. 토마토는 그런 존재다.

하지의 구원자, 감자

6월 하순에 돌아오는 하지는 절기상 열번째에 해당한다. 한해의 허리다. 해도 가장 길어진다. 그러나 해의 높이와 달리 북반구의 더위는 조금 더 기다려야 절정에 달한다. 그래서 하지는 여름의 몸통이 아니라 입구다. 하지가 되면 우리는 생리적으로 여름을 예감한다. 한여름을 맞기 위해 우리 몸이 적응을 시작하는 절기다. 이때는 잘 먹어두어야 한다. 하지감자의 출현도 이 대목이다. 3월에 심은 감자의 만물이 나온다. 이름하여 하지감자다. 듣기만 해도 입안에 전분질이 밀도 있게 꽉 차는 듯하다.

대학 시절의 일이다. 하지 무렵에 1학기가 파했다. 방학이어도 집에 내려가지 못하는 친구들이 있었다. 녀석들은 허름한 자취방에서 먹고 자면서 낮에는 공사장에서 막일을 했다. 다음 학기 등록금을 벌어야 했다. 어느 날인가 그 친구들이 보고 싶어서 찾아갔다. 내가 준비한 건 하지감자였다. 고추장과 상추, 보리쌀도 있었다. 보리밥을 안치고 감자를 깎아 얹었다. 감자를 으깨어 보리밥에 섞고 고추장을 얹은 후 상추쌈과 먹었다. 갓 스물의 내가 그런 요리를 할 줄 알았던 걸 보니, 지금 생각하면 요리사의 자질(?)이 있었나보다. 친구들은 허겁지겁 쌈을 먹었다. 막일을 하느라 까맣게 타고 비쩍 말라 볼품없던 녀석들. 목이 메었던 것은 감자의 전분 때문만은 아니었다.

소설가 신경숙의 작품 중에 「감자 먹는 사람들」(『오래전 집을 떠날 때』, 창작과비평사 1996)이 있다. 주인공인 '나'는 한때 식모를 살며 구박을 받던 고향 사람 '유순'과 오랜만에 통화를 한다. 그때 현관문에 붙여놓은 고흐의 그림 「감자 먹는 사람들」이 눈에 들어온다. 유순의 삶이 그림 속 어린 여자의 모습에 투영된다. 고흐의 이 걸작은 회화사에서 절대 빠지지 않는 중요한 열쇠가 된 지 오래다. 거친 노동에 지쳐 퀭한 눈빛, 갈퀴 같은 손으로 감자 먹는 농부의 모습은 인간 역사의 불평등성을 그대로 드러내 보여주는 기념비적인 증언이다. 고흐는 이 작품을 아주 중요하게 여겼다. 이 작품 한폭을 그리기 위해 수없이 많은 크로키와 스케치를 했다. 그중 상당

수가 여전히 남아 있어서 그가 이 작품에 쏟은 애정을 선명하게 보여준다. 고흐는 평생 노동하는 자, 소외된 자들에 대한 연민을 버리지 않았다. 그의 이런 태도는 계급적 견지라고까지 볼 수는 없을지라도 노동하는 인간을 향한 깊은 존경과 사랑을 보여주는 데 부족함이 없다. 고흐의 그림들이 걸작으로 평가받는 여러 이유 중 하나다.

김동인의 소설 「감자」(1925)에서도 그렇지만, 감자와 고구마는 더러 혼동을 일으킨다. 소설 「감자」 속 감자는 고구마를 뜻한다. 고구마는 '감저'라는 이름으로 불리면서 감자와 종종 헷갈린다. 지금도 남한의 여러 지역에서는 여전히 고구마를 감자라고 부르기도 한다. 이는 서양인들도 큰 차이가 없는 듯하다. 감자는 영어로 포테이토(potato)이고 고구마는 스위트포테이토(sweet potato)라고 한다. 이탈리아에서도 마찬가지여서 고구마를 파타타 돌체(patata dolce), 즉 달콤한 감자라고 부른다.

감자의 원산지가 유럽이 아니라는 사실은 많이들 알 것이다. 감자가 유럽에 전래된 건 1500년대의 일로, 스페인의 탐험가 — 정복자라는 말이 더 맞을 듯하다 — 프란시스코 피사로에 의해서라는 것이 정설이다. 여러 기록에 의하면 감자는 남아메리카 안데스 지역에서 식용으로 재배되기 시작했다. 그후 유럽에 소개되었지만 지금처럼 식품으로서의 가치를 인정받지는 못했다. 일부 호사가들이 관상용으로 재배하는 것이 고작이었으며, 토마토와 마찬가지로 관능적인 생김새와 주렁주렁 열리는 그 모양 때문에 불경스럽게 여겨졌다. 그러나 이후 밀 재배가 수월하지 않은 산악 지역과 토질이 척박한 지역을 중심으로 식량으로 급속히 자리 잡게 된다. 나는 이탈리아 북부에서 꽤 흥미로운 사실을 알게 되었는데, 산간지대가 많은 북부에서는 역사적으로 밀가루보다 감자를 더 많이 먹었다는 것이다. 그래서 지금도 향토음식으로 파스타가 아니라 감자를 먹는다. 뇨키라고 부르는 일종의 감자떡이다. 감자를 삶은 후 소량의 밀가루나 옥수수가루에 섞어서 떡처럼 빚은 후 물에 삶아 먹는다. 이탈리아 하면 파스타를 떠올리지만, 의외로 파스타를 거의 먹지 않았던 지역도 있었던 것이다.

감자탕은 내가 서울에서 즐겨 먹는 술안주다. 감자가 들어 있어서 감자탕인 이 요리에 언젠가 감자가 빠지기도 했다. 감자가 비싸졌기 때문이었다. 어렸을 때 감자탕은 그냥 감잣국이었다. 서울 북부의 수색에서 멀리 남가좌동까지 한 시간 넘게 걸어서 통학할 때, 거리에 드문드문 있는 찌그러진 문짝의 실비집에 종이로 써 붙여 있던 메뉴다. '감잣국 개시'.

나는 그것이 어머니가 끓이던 하얀 감잣국——양파와 함께 기름에 볶아 만드는 국——인 줄 알았다. 유리창 안으로 피곤한 얼굴을 한 노동자들이 무언가 거대한 뼈를 들고 뜯었다. 나중에 알고 보니 그것이 감잣국이었다. 감자탕은 그러니까 원래는 술집에서 파는 이런저런 메뉴 중 하나였다. 그러다가 서울 은평구 응암동에 감잣국 전문점이 생겼고, 좀더 자극적인 이름을 찾다보니 감자탕이 되었을 것이다. 감자탕은 배고픈 청춘들의 훌륭한 술안주였다. 배도 채우고 술도 마시고. 감자탕을 다 먹으면 국물만 더 달라고 하여 끝없이 뼈를 우렸다. 이미 다 우려진 뼈에서 진액이 나올 리 없었으므로 멀건 국물에 남은 김치를 넣고 더 끓였다.

한국에서 감자는 한(恨)을 담은 식품이다. 가난한 시절 쌀 대신 먹었던 구황작물이자 어려웠던 세기의 상징적인 이름이다. 논이 드물어 쌀을 재배하기 어려운 강원도 산간의 설움을 간직하고 있기도 하다.

하지감자는 구황에서 중요한 몫을 했다. 보리 다음에 등장하는 감자가 가을 벼 수확까지 버티게 하는 훌륭한 구원자였다. 이제 하지감자는 그야말로 별미로 다가온다. 채 썰어서 들기름에 볶아 반찬을 만들고, 툭툭 잘라 풋고추랑 고추장을 넣어 감자찌개를 끓여도 맛있다. 곱게 갈아서 전을 부치고, 감자밥을 안쳐보는 건 또 어떨는지. 어릴 적 시골집 마당에서 모깃불을 피우고 감자를 굽던 냄새가 지금도 코끝에 간절하다. 시절은 가고, 감자의 역사도 그렇게 흘러간다.

가지 요리도
가지가지

    어려서 가지 좋아한 이는 별로 없을 것 같다. 나 역시 마찬가지여서, 미역냉국에 가지라도 들어 있으면 그걸 건져내다가 혼나기 일쑤였다. 엄마는 왜 저런 '재수 없는' 채소를 국에 넣을까. 그건 파와 마늘, 당근과 시금치보다 더 혐오스러운 대상이었다.

    서울 변두리, 서울이라기보다 시골에 가까운 소박한 동네에서 어린 시절을 보냈다. 오분만 걸어가면 산이 있고, 가을이면 잠자리 떼가 빨갛게 동네 하늘을 메우곤 했다. 들판을 쏘다니며 먹을 걸 구했던 추억도 시골다웠다. 칡을 캐기도 하고—더러 칡뿌리에 감긴 유골에 놀라기도 했다—메뚜기나 개구리가 간식이 되기도 하던 시절이었다. 주변에 밭도 꽤 있어서 소소한 군것질거리를 구하곤 했다. 고구마는 아주 좋은 간식이었고, 하다못해 총각무를 뽑아 검은 흙만 대충 털어내고 먹기도 했다. 그러다가 호박 덩굴에 주려고 마련한 거름 구덩이에 빠져 옷을 버린 적도 있었고. 최고의 간식은 복분자였다. 주인 몰래 벌에 쏘여가며 먹던 그 보라색 복분자.

웬만한 건 들에서 다 먹어봤는데 한가지, 가지는 건드리지도 않는 편이었다. 털어 먹을 게 없던 어느 날, 가지를 골라 그 반들반들한 껍질을 벗기지도 않고 한입 베어 물었더니 특유의 쓴맛이 훅 올라왔다. 누나의 아침 세숫물에 밴 비누 냄새 같았다. 여름 햇볕에 쨍쨍 익어도 가지에서는 단맛이 나지 않았다. 이런 걸 어른들은 왜 심을까, 하다못해 토마토를 심지 말이야. 밥상에 반찬이 없어도 가지무침에는 손이 가지 않았다. 지금은 가지요리에 혀를 빼고 달려들지만 말이다.

이탈리아에서 만난 가지는 충격이었다. 한껏 부푼 풍선처럼 둥글고 커다란 형태에 윤기가 흘렀고, 짙푸르고 어두운 보라색은 식욕보다는 일종의 공포감을 일으켰다. 어릴 때 느꼈던 가지 혐오증이 지중해 어느 나라에서 다시 도지는 순간이었다. 내가 일하던 식당에는 가지요리가 많았다. 지중해라는 곳은 푸짐한 식탁보다는 거친 영양을 추구한다. 토마토와 가지가 빠지지 않는다. 치즈는 적게 먹고 기름진 고기도 거의 식탁에 오르지 않는다. 처음 가지가 이탈리아 반도에 들어왔을 때, 사람들은 깊은 혐오감을 표출했다. 토마토나 감자조차 식재료가 되기까지는 오랜 시간이 필요했으니, 쓰고 아린 데다가 도대체 정체를 알 수 없이 음흉하게 어두운 보라색 몸통은 더욱 부엌에서 멀어졌다. 그러나 곧 지중해 사람들은 풍성한 가지를 사랑하기로 결심했다.

지중해의 가지는 거친 화산 토양에서 자란다. 반들반들한 껍질은 손을 대면 데일 듯 태양 아래서 뜨겁게 익는다. 가지를 영어로 에그플랜트(eggplant)라고 부르는 이유는, 그걸 눈으로 보기 전에는 납득하기 어렵다. 커다란 풍선을 분 듯한 모양새다. 우리나라 가지는 가늘고 길쭉한 것밖에 없어서 처음 보는 유럽의 가지는 징그럽기까지 하다. 그 에그, 아니 가지를 두툼하게 자른다. 지글거리는 플랫톱(다목적 구이기) 불판 위에서 올리브유를 살짝 바르고 굽는다. 천일염을 툭툭 뿌려서 아린 맛을 없앤 가지는 맛있는 냄새를 피우며 금세 익는다. 거기에 다시 올리브유를 뿌리고 안초비를 얹어 손님에게 낸다. 아마도 가지요리가 세상에서 제일 발달한 동네는 지중해일 것이다. 구우면 마치 스테이크처럼 쫄깃하고 부드러워진다. 단맛이 느껴지지 않던 살점에서 홍수처럼 달콤한 맛이 우러나온다. 잘게 잘라 당근과 함께 볶은 후 잣을 섞어 지중해식 라타투이를 만들기도 한다. 지중해 사람들이 카포나타(caponata)라고 부르는 '소울푸드'다.

일본 미야기현의 센다이를 방문했던 건 오래전의 일. 3·11 대지진이 닥치기 전 센다이는 변방의 도시답지 않은 우아함이 넘치는 곳이었다. 다운타운은 유럽의 쇼핑 갤러리를 그대로 옮겨놓은 것처럼 화려하면서도 클래식했고, 사람들의 표정은 무뚝뚝하면서도 위엄이 흘렀다. 소설가 다자이 오사무가 중학생이 되어 고향 쓰가루에서 유학 와 머물던 곳이었던가. 그곳의 한 이자카야에서는 보기에도 군침 도는 가지요리를 판다. 주문을 하면 시간이 조금 걸린다. 소금을 뿌려 쓴맛을 죽이고, 술에 재워 단맛을 돋운다. 그러고는 아주 천천히 숯불에 굽는다. 껍질이 거뭇거뭇해져 숯덩이처럼 보일 때까지 충분히 익힌다. 마침내 속까지 완전히 익으면 배를 갈라 그 위에 가다랑어포를 올려 낸다. 가다랑어포가 춤추듯 꿈틀거린다. 가지의 속살은 뜨겁게 몸을 뒤치다가 젓가락으로 헤집을 때마다 김을 뿜어낸다. 극도로 건조한 청주 한 잔을 마신 뒤 입에 넣은 가지는 녹을 듯이 감미롭다. 미처 열기를 털어내지 못한 가지 속살은 입천장을 벗겨버린다. 그러므로 이 요리는 아주 느긋하게 입에 넣고, 마치 설탕을 녹이듯 살살 달래가며 먹어야 한다. 그래서 겨울이라도 술은 반드시 차가운 청주를 시킨다. 그 궁합이 절묘하다. 응축된 가지의 단맛이 폭발하고 술잔은 비워진다. 창밖으로 천둥이 치든 폭설이 내리든 가지는 구워지고, 술잔은 엎어지고.

　우리는 왜 중식당에서 채소요리를 시키지 않을까. 한국의 중식당에서 채소는 고기요리의 뒤를 받칠 뿐, 주인공이 된 적이 없다. 서울 마포의 어느 허술한 술집 같은 중식당에서는 진짜 가지요리를 판다. 가지에 단 소스를 얹고 세지 않은 불에 천천히 익힌다. 가지들이 수군거리며 익어가는 소리가 들린다. 이미 달콤한 소스에 다시 가지의 단맛이 쏟아져 나오고, 술을 부른다. 이런 가지요리를 먹을 때는 행복하다. 한국 가지요리는 왜 그렇게 단순할까. 가지의 진면목을 왜 보여주지 못할까. 중식당과 일식당에서 가지를 집으며 그 천부적 단맛에 감탄하는 한편 슬퍼진다. 그러던 어느 날 윤선옥씨의 가지요리가 나를 흔들었다. 그이는 내가 일하는 식당에서 요리 보조를 했다. 오래전 간도에 살던, 중국에서 조선족이라고 불리는 이. 남쪽의 반도에서 사라진 요리가 그녀의 손끝에서 다시 살아난다. 연변 근처를 여행해본 이들은 알 것이다. 우리의 복식과 음식, 생활 관습이 외려 생생하게 살아 있는 곳이 바로 거기가 아니던가. 그녀의 음식도 그렇게 아직 살아서 운 좋게 내 입에 당도한 것이니. 그녀의 가지요리는 침착하다. 우선 가지를 기름에 볶는다. 쓰고 칼칼한 토종 된장과 마늘, 파를 넣고 한번 끓인다. 그게 전부다. 답답한 한국의 가지요리에 그녀의 손은 답한다. 진한 가지의 단맛과 풍부한 기운이 된장 양념에서 들끓는다. 소주 두어병을 비우고도 남을 요리다.

"가지는 밭에서 나는 홍합일세."

나는 여러분에게 자신 있게 말한다. 싸고 맛있으며 아직 흔해서 진가를 모르는, 그래서 더 흥미로운 채소가 가지임을.

어른이 되는 맛, 콩나물

전라도 한 지방의 콩나물 전문 생산업자에게 전화를 걸었다. 그는 그 지방 '두채생산조합'의 이사장이었다. 두채가 뭐냐고? 물론 나도 몰랐다. 대저 성스러운 무슨 무슨 협회나 조합의 이름에 한글을 박아 넣는 건 불경하게 여겨지는 법이다. 이를테면 전국구서(驅鼠)협회는 전국쥐잡기협회가 이름을 갈아탄 것일 테다. 그런 연유로 콩나물이 바로 두채가 됐다. 콩 두(豆), 나물 채(菜). 어쨌든 나는 그에게 전화를 걸었다.

"긍께, 뭐라고요? 글 쓴다고요? 콩나물을 글에 뭐더러 쓴다요?"

나는 여차여차 이러저러한 사정을 설명했다. 콩나물, 아니 두채에도 계통이 있을 것 아니냐, 글을 쓰려면 그런 걸 알아야 한다, 뭐 이런 내용이었다.

"알았소만, 거시기 꼽슬이랑 일짜, 그런 거 말이어라?"

그에 따르면 콩나물은 곱슬이, 일자, 찜용으로 나뉜다. 곱슬이는 우리가 늘 보는 콩나물 모양을 뜻한다. 줄기가 곱슬곱슬하게 휘어 있다. 일자(一字)는 문자 그대로 길쭉하게 뻗은 것이다. 찜용은 주로 아귀찜에 최적화된, 줄기가 굵은 콩나물을 말한다. 그의 강의는 전화기를 타고 오래 이어졌다. 그는 수온과 계절의 관계, 발아의 비밀 따위를 얼굴도 모르는 내게 알려주었다.

"그것이 말이어라, 콩이 물을 먹고 살살 꼬리를 내리는데, 그거 기분이 삼삼하지라. 그 똥그란 콩에서 길쭉길쭉 꼬리가 나온다는 게 신기해서 이 일을 시작했구만이라. 근디 이런 걸 뭣에 쓴다요. 희한하네, 참말로. 전에 어떤 신문기자는 콩나물에 약을 치냐 어쩌냐 물어쌓더만……"

내가 그 희한한 취재를 하게 된 건 오래전의 기억 때문이다. 내가 다니던 국민학교는 갓 형성되기 시작한 도시 변두리에 있었다. 막 농촌이 해체되면서 공장과 도시에 필요한 노동자들이 몰려들었고, 그들이 일군 동네였다. 자연히 아이들도 많아져 문교부에서 열심히 학교를 새로 지어대도 늘 교실이 모자랐다. 콩나물시루라는 비유는 그 시절 신문 기사의 단골 멘트였다. 변두리 사람들이 출퇴근을 위해 타던 버스에도, 그 자식들이 다니던 국민학교에도 갖다 붙이는. 내가 다닌 학교는 밀려드는 학생을 수용하느라 저학년은 3부제 수업을 했다. 오후 두시쯤 아이들이 가방을 메고 학교에 가기도 했다. 선생들은 몽둥이와 기합으로 시끄러운 도시 빈민의 자식들을 몰아쳤다. 한반에 60명이 들어도 겨우 수업이 될까 말까일 텐데, 자그마치 80~90명을 때려 넣었다. 한 학기가 다 가도록 담임선생은 자기 반 학생의 이름은커녕 얼굴도 다 못 외울 지경이었다. 그런 시절이었다.

학생이 그렇게 많았는데 내가 왜 그 일을 했는지 모르겠다. 어느 날 담임이 내게 교무실 옆에 있는 콩나물시루에 물을 주라고 시켰다. 현대적으로 개량된 시루였다. 나무로 틀을 짜고, 여닫이문 앞에 검은 천을 덮어두었다. 먼저 천을 들춰 몸을 넣고서 빛이 완전히 차단되었는지, 아무것도 안 보이는 암흑천지인지 확인한 다음, 살짝 천을 열어 빛을 조금 확보한 뒤 여닫이문을 열고 콩나물에 물을 뿌렸다. 만약 콩나물 대가리에 푸른빛이 돌면 어떤 벌을 받게 될지 잘 알았다. 나는 물을 줄 때마다 혹시나 푸른빛이 돌지나 않는지 마음을 졸였다. 그 기억은 하나의 트라우마가 되어 어쩌다가 시장에서 푸른 대가리의 콩나물을 마주치면 죄책감이 들 지경이

었다. '어떤 녀석이 여닫이문을 제대로 닫지 않았지?'

나중에 광합성을 배우면서 콩나물을 떠올렸다. 서양 식물이 지구를 살찌운 결정적 메커니즘인 광합성을 배신하려는 은둔자적 태도라니. 광합성의 욕망을 억제한 콩나물은 햇빛이 들지 않는 곳에 뿌리를 곧게 뻗는다. 그래서 콩나물에선 음지의 냄새가 난다. 그 고유한 비린내는 태양을 모르는 식물의 체취랄까, 본능을 제어당한 슬픔의 냄새인지도 모르겠다.

서양에서는 콩나물이 식민 경영과 장거리 원정에 한몫 보탰다. 신선한 채소를 먹지 않으면 살이 푹푹 썩어들어가는 괴혈병에 걸린다는 사실을 알고부터다. 콩에 물을 주면 싹이 나온다. 식민의 배에 콩을 싣고 물을 주었다. 콩나물도 나쁜 짓을 많이 했다.

이젠 모두들 봉지 콩나물을 먹는다. 제조 연월일을 확인하고 값을 치른다. 과거에는 콩나물의 선도를 확인하는 예리한 촉수가 필요했다. 냄새를 맡아보고 뿌리가 반투명하게 물러지지는 않았는지 노려봐야 했다. 정확한 무게로 팔리는 봉지 콩나물과 달리 과거의 콩나물은 손대중으로 팔았다. 주인의 마음 씀씀이나 기술에 따라 무게가 달랐다. 어머니는 그래서 심부름하는 내게 백원을 쥐여주며 이렇게 말씀하셨던 것이다.

"오십원어치씩 두봉지를 달라고 해라."

고깃집에서 기어이 5인분 대신 3인분, 2인분으로 나눠 주문을 하는 우리네 사려 깊은 경계심은 이미 오래된 민족의 습관이었던 것이다. 그러나 나는 주인에게 빤한 속마음을 들키기 싫었다. 백원어치를 사서 두봉지에 나눠 담아 들고 갔다. 어머니의 꾸중이 없었으니, 그 잔꾀는 제법 괜찮았던 모양이다.

콩나물을 다듬으며 나는 요리를 배웠다. 칼질도 못하던 내가 어머니를 도와 할 수 있는 유일한 일이었다. 검은색이 비치는 반투명한 껍질을 벗기고 노란 대가리가 선명하도록 손질을 했다. 수북하게 쌓인 말끔한 콩나물은 내가 이룬 가사노동의 첫번째 성과였다.

전주에서 콩나물국밥을 먹는다. 그 맛을 한마디로 표현하라면, 나는 '어른이 되는 맛'이라고 하겠다. 어른들만이 아는 맛이라고 하겠다. 무심하고 밋밋한 콩나물이 전부인 그 국물은 자극이라고는 모르는, 요즘 같은 선동적인 시대에 어울리지 않는 맛이다. 그렇기 때문에 어른들은 더 콩나물국을 찾는 것일지도. 노랗고 맑은 콩나물국을 한숟가락 뜬다. 거기에 내 어린 날의 냄새가 자욱하게 번진다.

알프스엔 쌀이 있다

 알파로메오의 엔진이 터질 듯한 굉음을 냈다. 차는 쏜살같이 내달렸다. C형이 막 수동기어를 6단으로 바꾸어 넣은 참이었다. 이탈리아의 한 지역을 관통하는 편도 2차선 지방도로는 특이하게도 지표면보다 2미터쯤 낮게 뚫려 있었는데, 그 덕에 우리는 공포에 가까운 속도감을 느꼈다. 마치 굴속을 달리는 것 같은 효과를 냈기 때문이다.
 "알파로메오는 비운의 자동차예요. 인기가 많았지만 대량생산의 미덕을 지니지 못했다오. 결국 다른 대형 회사에 복속되고 말았지요."
 C형의 언어는 독특해서 사람의 이목을 끌었다. 비운과 미덕, 복속 같은 낱말이 자동차에도 어울리는 줄 그때 처음 알았다. 그이야말로 비운의 사내였던가. 비행기 조종사가 되

기 위해 사관학교에 갔지만, 지금 그는 알파로메오를 몰고 있을 뿐이다.

알파로메오가 반지하 세계를 탈출하여 지상으로 올라섰다. 햇빛에 번쩍, 차의 은빛 후드가 빛나면서 눈이 시렸다. 나는 시린 눈을 털어내기 위해 고개를 흔들고 멀리로 시선을 던졌다. 거기에는 더욱 엄중하게 눈이 시린 광경이 펼쳐져 있었다. 권컨대, 이탈리아에서 로마와 피렌체와 밀라노만 보고 떠나지 말고 서쪽으로 달리시라. 밀라노-토리노 간 고속도로를 알파로메오에 몸을 싣고 달리다보면 미명의 눈으로 보던 세상이 바뀔지도 모른다.

알파로메오는 시간변경선을 거스르겠다는 듯이 맹렬한 속도로 서쪽으로 달렸다.

"계속 뽑겠소. 시선은 오른쪽에 두시오. 볼 게 있을 것이니."

속도계는 180킬로미터 언저리에서 바늘을 떨었다. 나는 C형의 말대로 고개를 틀었다. 눈이 시린 그 광경, 알프스였다. 스위스 인터라켄이나 융프라우가 미시적으로 알프스를 보였다면 밀라노-토리노 간 고속도로는 알프스의 등뼈를 찬연하게 파노라마로 조망했다. 길가에 막 파프리카색 양귀비꽃이 피어날 계절이었지만, 알프스는 아직 뼈마디를 허옇

게 드러내고 있었다. 눈썹 위로는 아예 하얀 지붕을 이고 줄지어 선 봉우리들이 끝도 없이 이어졌다. 흰 지붕 위에 토마토소스를 뿌린 듯 붉은 저녁 햇빛이 물들어가고 있었다.

"아아!"

알파로메오의 엔진처럼 내 심장도 터질 것 같았다. 길은 소실점을 보이며 쭉 뚫려 있고, 알프스 연봉을 사열하는 기분은 나도 모르게 탄성을 내뱉게 했다. 차는 이내 밀라노를 멀리 떨어뜨리고 토리노가 속한 피에몬테주로 접어들었다. 짧은 다리를 건넜다. 갈수기의 영월 동강 정도의 폭을 가진 포강이 굽이쳐 흘렀다. 포는 이탈리아에서 가장 긴 강이다. 알프스에서 발원하여 토리노를 거치고 밀라노 앞 평야를 적신 후 반도의 동쪽 바다로 빠져나간다. 나폴레옹이 알프스를 넘으려 했을 때도 이 강을 먼저 건넜다. 그는 1800년 여름 이 근처의 한 평원인 마렝고에서 오스트리아와 대전투를 치른다. 치킨 마렝고(Chicken Marengo)라는 요리는 여기서 생겨났다는 전설이 있다. 마치 도루묵의 전설과 흡사한데, 오랜 전투로 제대로 된 재료가 없던 나폴레옹의 전속 요리사가 닭고기에 이것저것 넣어 만든 걸 나폴레옹이 먹고 감탄했다고 한다. 지금도 이 요리는 이탈리아와 프랑스 곳곳의 레스토랑에서 판다. 도루묵과 다른 점은 나폴레옹이 파리로 개선한 후에도 이 요리를 사랑했다는 것이다. 포강은 지중해 인근에서는 드물게 풍부한 수량을 자랑한다. 강은 모든 푸른 것들을 살찌운다. 포강도 예외 없이 너른 들판을 좌우로 끼고 있다. 뒤로 병풍처럼 둘러선 알프스가 막 남쪽으로 내려오다가 속도를 잃고 강을 만나 드넓게 벌판을 펼친 형국이다. 그 사이로 강이 흐르고, 들판에는 뜻밖에도 벼가 자라고 있었다. 한국의 논처럼 말이다. 벼는 물 없이 자라지 못한다. 막 청춘기에 접어든 벼들이 싱싱하게 자라나 푸른 발목을 강에서 끌어들인 시원한 물속에 담그고 있었다. 논이 거울처럼 저녁놀의 붉은빛을 반사했다. C형과의 이탈리아 여행은 그렇게 리소토와 함께 오래도록 기억에 남아 있다.

 포강 일대는 유럽 최대의 쌀 생산지다. 오래전 요리를 배우겠다고 발을 들인 곳이 이탈리아의 바로 이 지역이었다. 세상에, 쌀이라니. 으레 유럽은 빵이겠거니 생각하면서 이탈리아에서 쌀을 만나리라곤 상상도 못했었다. 리소토라는 걸 그 시절 어느 한국인이 알았으랴. 내가 이탈리아에 있던 때는 한국인 유학생들이 너도나도 여행용 캐리어나 '이민 가방'에 쌀을 두어말씩 싸들고 오던 웃지 못할 시절이었다. 한국인에게 쌀은 음식 이상의 어떤 상징이기도 하거니와, 유럽에서 당연히 쌀을 구하기 어려우리란 짐작에서였겠다.

이탈리아의 쌀은 한국 쌀과 비슷하다. 찰기가 있어서 입안에 넣으면 부드럽게 녹으면서 씹힌다. 보통 두가지 쌀이 있는데, 한국 쌀처럼 약간 길이가 짧은 것으로는 주로 수프나 샐러드를 만들고, 조금 기다란 종으로는 리소토를 만든다. 리소토는 우리 쌀처럼 전분이 열과 수분에 쉽게 녹아 나와야 만들어지는 요리다. 요리학교의 P선생은 리소토를 '물과 불과 쌀의 조화'라고 설명했다. 리소토의 삼위일체다. 그건 내게 익숙한 명제였다. 할머니가 가마솥에 불을 지피고 물을 잡아 밥을 하시던 수고를 기억하는 사람들이라면 누구나 그렇듯이.

세상에 쌀요리의 스펙트럼은 의외로 넓다. 한국과 일본, 중국, 동남아시아처럼 밥을 지어 반찬을 곁들이는 '백반문화' 외에도 다양한 쌀요리가 있다. 전분이 적은 인디카종의 쌀을 볶아 만드는 터키와 인도식 필래프(pilaff), 중국과 동남아시아에서 많이 먹는 볶음밥 차오판(炒飯), 스페인식 파에야(paella)…… 필래프는 리소토와 비슷하지만 쌀의 종자가 달라 밥알이 엉기기보다 따로 놀고, 차오판은 미리 해둔 밥을 고명과 함께 센불에 볶아 밥알 사이사이에 기름막을 입히는 요리가 아니던가. 파에야는 리소토와 비슷하지만 육수를 부어 밥을 짓는다는 점이 리소토의 전형적인 요리법과는 또

다르다.

P선생은 불을 켜고 우묵한 냄비를 얹었다. 바닥이 두꺼워 열전도가 느린 대신 오랫동안 열을 보존해주는 냄비였다. 25분에 걸쳐 낮은 불로 익히는 리소토에 가장 어울리는 도구였다. P선생은 털이 숭숭한 두툼한 손으로 설롯 한조각을 정성 들여 썰었다. 버터에 설롯을 볶는 데서부터 리소토가 시작된다.

"씻지 않은 쌀에 설롯을 넣고 살살 볶아야 하네. 쌀알이 끓는 버터액을 몸에 두를 정도까지만."

쌀알이 깨지지 않도록 조심스럽게 주걱으로 흔들어주었다. 맛있는 밥을 짓기 위해 질 좋은 쌀을 쓰고, 깨지거나 갈라진 쌀을 피하는 건 한국이나 이탈리아나 매한가지였다. 쌀알은 주걱이 휘젓는 대로 가볍게 몸을 굴려 제 몸에 고르게 버터액을 묻혔다.

P선생은 주걱의 소재가 올리브나무라고 했다. 백년쯤 묵은 나이 든 올리브나무 주걱이 리소토를 더 맛있게 만들어준다고. 그건 마치 늙은 문어를 삶을 때 레드와인의 코르크를 넣으라는 것과 같은 주방의 오랜 전언이었다. 비가 적게 내리는 지중해의 올리브나무는 수분이 적어 조직이 치밀하고 단단했다. 오랫동안 리소토를 젓는 데는 올리브나무 중에

서도 나이 들어 더욱 바짝 마른 나무가 필요한지도 몰랐다. 늙은 P선생의 팔뚝도 늙은 올리브나무처럼 갈색으로 울퉁불퉁했다.

리소토는 끈기가 만들어낸다. 25~30분의 요리 시간 동안 낮은 불로 천천히 익힌다. 까다로운 VIP 테이블 때문에 주방이 여러번 뒤집어져도 리소토는 천연덕스럽게 낮은 불 위에서 천천히 보글거리고 있을 뿐이다. 재촉해도 리소토는 자신에게 필요한 시간을 모두 요구한다. 리소토 냄비 옆에는 역시 뜨겁게 끓는 송아지 다릿살 육수를 가득 담은 냄비가 놓여 있다. 이 육수를 한번에 넣지 않고 쌀이 잠기지 않을 정도로만 적당히 국자로 떠 넣어준다. 쌀은 육수에 잠겼다가 다시 공기에 노출되기를 반복한다. 마치 평영을 하는 수영 선수가 수면 바로 아래에서 움직이며 가끔씩 수면 위로 머리를 쳐드는 것 같다. 그러면서 쌀은 제 몸에 들어 있는 전분을 육수에 내어준다. 육수는 쌀의 전분을 빨아들인 후 다시 쌀 속으로 들어간다. 그리고 그것을 반복한다. 끈기 있게.

포강을 끼고 있는 토리노와 밀라노는 이탈리아 최대의 숙적이다. 각 지역을 대표하는 축구 팀 유벤투스와 밀란이 맞붙기라도 하면 도시의 경찰력이 총동원된다. 두 팀 간의 적대감은 상상을 초월한다. 두 도시의 리소토도 이탈리아 대표

자리를 놓고 다툰다. 토리노가 최고의 와인인 바롤로를 듬뿍 넣고 만든 리소토 알 바롤로를 대표 선수로 내보내면, 밀라노는 샤프란을 넣은 리소토 알라 밀라네세로 맞받는다.

    재료는 달라도 멋진 리소토는 마무리가 중요하다. 유벤투스든 밀란이든 골문 앞에서 마무리를 해야 이기는 법이다. 쌀알이 탱탱하게 익되, 그 심은 살아 있어야 한다. 쌀의 마지막 심은 불과 물에 내어주지 않고 딱딱한 정도가 되면 리소토가 다 익은 것이다. P선생은 불을 끄고 버터 한토막을 넣은 후 냄비의 리소토를 올리브나무 주걱으로 최대한 빠르게 저었다. 버터의 부드러운 향이 쌀알 사이로 스며들었다. 주걱을 휘젓자 쌀은 탄식하듯 뻑뻑한 김을 마지막으로 토해냈다. 촉촉하면서 윤기 있는 리소토의 마무리였다. 버터와 송아지 육수가 쌀의 부드러운 살 속에 깊게 배어들었다. 한입 가득 씹자 쌀이 으깨지면서 살 속의 맛을 다 내주었다. 마지막엔 쌀의 자존심 같은 딱딱한 심이 가볍게 이에 닿았다. 다디단 곡물의 진액이 입안에 퍼졌다.

    쌀은 외피가 단단해 물이 많아야 먹을 수 있게 된다. 요즘에는 전기밥솥이 대신하지만, 과거에 밥을 할 줄 안다는 것은 곧 '물을 조절하는 능력'을 지녔음을 의미했다. 손바닥을 넣어 물의 양을 가늠하는가 하면, 현대화(?)된 사람은 계

량컵을 이용하기도 했다. 어떤 경우든 완벽할 수는 없는데, 쌀의 수분 함유량이나 화력의 세기에 따라 결과가 달라지기 때문이다. 조금 전문적인 얘기를 한다면, 쌀을 익힌다는 의미는 물이 쌀의 전분에 들어가 그 단단한 분자 고리를 파괴한다는 뜻이다.

　리소토는 한국의 쌀요리와 다른 경계에 있지만, 깜짝 놀랄 만큼 비슷한 면도 있다. 바로 '리소토 알 살토'라는 누룽지 요리다. 전날 남은 리소토를 팬에 한번 더 구워 누룽지를 만들어 먹는데, 이걸 이탈리아인들은 일종의 '컴포트 푸드'(마음에 위안을 주는 음식)로 보는 경우도 많다. 고소하고 바삭한 누룽지 같은 맛이다. 소스가 들어 있으니 맛이 더 진하다. 살토(salto)는 영어로 '점프'라는 뜻이다. 팬에 꾹꾹 눌러 편 식은 리소토를 뒤집을 때 팬을 한번 휘둘러 점프시킨다. 팬케이크나 빈대떡처럼 말이다. 그래서 그런 특이한 이름이 붙었다.

　잘 만든 리소토는 파도 같아야 한다는 말도 있다. 파도는 이탈리아어로 '온다'(onda)라고 부른다. 다 만든 리소토를 접시에 담고 기울이면 마치 파도가 밀어닥치는 것처럼 일정한 속도로 주르륵 흘러야 한다는 뜻이다. 쌀이 소스를 빨아들여 수분을 적당히 머금고 있어야 이렇게 주르륵 흐른다. 너무 익혀 떡이 된 리소토는 흐르지 않고 굳어 있어서 금세 알 수 있다.

리소토에는 '자유로움'이라는 별명도 붙어 있다. 파스타는 엄격한 요리 질서에 따라 만들어지지만 리소토는 무엇이든 포용하고 녹여낸다는 의미에서다. 게다가 계속 불 앞을 지키고 있어야 하는 파스타와 달리 리소토는 익히는 동안 자유롭게 놓아둔다. 가끔씩, 누구든 그 솥 옆을 지나가는 요리사가 한두번 휙 저어주면 그만이다. 다 익을 때가 되면 굳이 타이머가 울지 않아도 쌀이 소스에 감기는 모습으로 알 수 있다. 촉촉하고 통통하게 익은 쌀이 소스와 싸우지 않고 어깨동무하는 타이밍이다.

닭은 껍질이 상수다

R은 내가 좋아하는 후배 요리사다. 그는 우리나라 요리판에 몇가지 전설을 남겼는데, 그중 하나로 '천마리'라는 암호 같은 것이 있다. 군대 시절 매복호가 있던 마을 이름 같기도 하고 할아버지의 고향 같기도 한데, 그건 문자 그대로 '1천마리'를 뜻한다. R이 시내의 모 호텔에서 일할 때 하루에 무려 닭 천마리를 잡았다고 해서 생긴 전설이다. 요리판에서는 '잡았다'는 표현이 살아 있는 무엇을 죽였다는 사전적인 의미가 아니라 재료를 손질했다는 뜻이다. 어쨌든 그가 천마리의 닭을 손질한 경위는 이렇다.

"위 요리사 R은 서울특별시 중구 소재의 모 호텔에 재직 중이던 19○○년 3월경, 상기 호텔 지하에 위치한 정육처리실에서 육계 일천두를 지급된 주방용 도검을 이용하여 분할 및 처리한바 당 장면을 목도한 상기 호텔 내 노무직원 다수(연령 및 주거 불상)가 혼절하는 사태가 발생하였던 연고로 이는 미증유의 고속 처리 기술이라는 평가를 받게 되었으며 차후 육계 분할 사유 발생 시 초치되어 지속적으로 당 업무를 수행하는 이유가 되었던바……"

R의 닭고기 처리 기술은 그렇다 치고, 이 무슨 말도 안 되는 문장이냐고 할 것 같아 부연하자면 이렇다. 나는 한때 잡지기자로 일했다. 일간신문의 사회부 기자는 아니지만 간혹 경찰서에 취재 갈 일이 있었다. 사기를 쳐서 고소당한 연예인을 다룬다거나 지존파를 잡아들인 형사반장을 인터뷰하러 가는 일 따위였다. 그 시절엔 기자들이 형사과에 무시로 드나들곤 했는데 사건기록을 보는 게 하나도 어렵지 않았다. 담당 형사 책상에 기록이 올려져 있으면 태연히 들고 복사기에 곽곽 돌리기까지 했다. 어떤 형사는 친절하게도 복사하거나 열람하기 편하게 '이 대목에서 저 대목까지가 하이라이트'라고 알려주기도 했다. 피의자 인권 같은 건 거의 없던 시절이었고, 심지어 기자들이 보는 데서 주로 잡범인 어린 피의자들은 뒤통수를 얻어맞기도 했다.

어쨌든 그런 기록물을 보다보면 일종의 쾌감을 얻곤 했다. 형사가 갱지를 끼워 넣고 독수리 타법으로 쓴 글이 참 대단했기 때문이다. 예를 들어 A, B, C라는 세명의 인물이 술을 마시고 누굴 두들겨팼다는 걸 그들은 이렇게 표현했다.

"상호 불상의 무도주점(춤추는 주점)에서 맥주 27병을 분음코 만취 상태에서 인접 취객과 시비가 발생하여 정권으로 흉부를 일차 가격당한 데 격분, 앙심을 품고 맥주병을 전도 파지 후 취객 D의 두부를 가격, 전치 4주의 상해를 입히고……"

혹시라도 모르는 분이 있을까봐 설명을 하자면 '분음코'는 '나눠 마시고', '전도 파지'는 '거꾸로 들고'라는 뜻이다.

R이 진짜로 닭 천마리를 하루 만에 처리했을 것 같지는 않다. '천'이라는 숫자는 그저 '아주 많이'에 해당할 테니까 말이다. 그만큼 그에게는 귀신같은 솜씨가 있었나보다. 그는 닭 잡던 시절을 이렇게 설명한다.

"행님, 가슴살만 발라낼 때는 말이에요, 모가지를 꽉 잡고 가슴패기 있는 데를 칼로 쭉 그으면요, 왼짝 오른짝으로 가슴살이 나오죠. 이걸 칼을 45도로 눕혀 살을 발라내는데요, 단번에 안심까지 발라내는 기술이 생기더라고요. 다리는 관절에 정확하게 칼날을 넣어야 이쁘게 잘라집니다. 안 그러면 인대가 늘어져서 모양을 영 버립니다……"

문득 배우 유해진을 스타덤에 올렸던 영화 「공공의 적」

(강우석 감독, 2002)이 생각난다.

'앙꼬 없는 찐빵'이라는 말이 있다. 한국에서 파는 가슴살이 딱 그 모양이다. 닭은 껍질이 상수요, 고기는 하수다. 그런데 이상하게 가슴살의 그 아름답고 맛있는 껍질은 몽땅 어디론가 사라져버렸다. 헐벗은 가슴살에는 밋밋하고 푸석한 고기 맛만 남았다. 그게 껍질이되 그냥 껍질이 아니라는 것을 이 땅의 닭 공급업자는 모른다. 오직 바삭바삭하게 익힌 껍질을 먹기 위해 닭고기를 찾는다는 미식가들에겐 실망스러운 일이다. 오븐에서든 프라이팬에서든 잘 익힌 껍질의 맛이란!

생선구이도 껍질을 어떻게 익히는가에 맛의 비결이 숨어 있다. 껍질이 천천히 익으면서 수분과 기름을 내어주고 다시 그 기름에 껍질이 바삭하게 익는다. 영어로 크리스피(crispy)라거나 이탈리아어로 크로칸테(croccante)라고 하는, 일본어로는 카리카리(かりかり)한 그 바삭함이다. 외국어지만 듣기만 해도 바삭한 소리가 들리는 듯 의성어의 느낌이 꽂힌다.

잘라낸 닭가슴살을 맛있게 굽는 법. 껍질을 살리고 살은 최대한 퍽퍽함을 줄인다. 이는 양식을 전공하는 초보 요리사들의 첫번째 관문이 되곤 한다. 팬에 오리기름을 두르고—돼지기름을 쓰기도 한다. 오직 파삭한 닭껍질 맛을 돋우기 위함이다— 껍질이 붙은 쪽으로 가슴살을 얹는다. 중간 불에서 노릇하게 지진 후 낮은 불에 천천히 익힌다. 그러면 닭껍질의 기름과 오리기름 또는 돼지기름이 뒤엉켜 푸르스름한 연기를 피워 올리며 갈색으로 멋지게 익는다. 속살도 분홍의 복숭아 색깔로 익어서 그런대로 먹음직스럽다. 아아, 이렇게 맛있는 가슴살을 다이어트나 근육을 키우기 위해 껍질은 홀랑 벗기고 살만 푹 삶아 먹는 이들에게 위로를! 그들이 입에 욱여넣고 내뱉는 '닭가슴살은 퍽퍽해'라는 하소연에도 격려를!

닭껍질을 맛있게 살려서 통닭을 굽는 법이 있다. 기름을 발라 오븐에 천천히 구워도 좋지만, 이탈리아의 주부들은 비장의 솜씨를 부린다. 바로 삼겹살이다. 그 비싼 삼겹살을 닭 굽는 데 쓴다고? 주객전도 아냐? 천만의 말씀이다. 이탈리아에서 삼겹살은 한국에서와 달리 값싼 부위다. 삼겹살은 구워 먹는 고기가 아니라 양념이다. 베이컨이 그러하듯이.

커다란 닭을 사서 깨끗하게 씻은 후 물기를 닦아 커다란 오븐용 도기에 놓는다. 속에 버섯이든 무엇이든 이것저것 채워 넣어도 좋다. 로즈메리와 레몬을 넣으면 닭의 누린내를 잡고 향긋한 냄새를 피운다. 얇게 저민 삼겹살로 닭을 친친 감는다. 그러고는 올리브유를 조금 뿌리고 오븐에 집어넣는다. 닭껍질에서 나오는 기름과 삼겹살의 기름이 지글지글, 껍질을 바삭하게 익힌다. 닭을 썰어 접시에 올리면 칼을 대자마자 껍질이 센베이 과자처럼 부서진다. 레몬즙을 술술 뿌려 입에 넣으면 천국의 맛이 따로 없다. 잘 구운 닭고기는 어지간한 소고기 스테이크보다 맛있다는 사람도 있다. 그 '잘 구운'이라는 게 생각보다 큰 시련을 주는 말이긴 하지만.

닭은 누가 뭐래도 껍질과 내장의 고기다. 우리는 그 맛있는 두 부위를 버리고 얌전한 살코기만 슈퍼마켓에서 사들인다. 랩에 싸인 그 분홍색 고기에 미각을 흥분시키는 요소는 없어 보인다. 닭내장은 못 본 지 오래되었다. 포장마차의 쇠락 이후 모래집구이의 추억도 연기처럼 아스라하고 닭내장탕을 파는 집은 수소문을 해야 할 지경이 되었다. 나의 청춘 시절은 늘 안주가 모자랐다. 새우과자나 심지어 몰래 훔친 초콜릿을 안주로 깡소주를 부었다. 지금은 이해할 수 없는 결핍으로 우리는 징징거렸다. 그러다 지전이 조금 생기면 남가좌동 모래내시장의 닭내장탕집으로 우르르 몰려갔다. 시장통의 질척거리는 통로를 뚫고 대로 쪽 은좌극장—그

은좌란 일본의 긴자(銀座)를 우리말로 옮긴 것일 테지—으로 나오면 허술하게 자리 잡은 집이었다. 당시는 닭전에서 아직 생닭을 잡던 시절인 모양으로, 닭 부산물이 술집 부엌 입구에 그득하게 쌓여 있었다. 빨리 끓고 양이 많아 보이라고 얇고도 넓게 만든 스테인리스 냄비에 닭내장을 가득 담아주었다. 거기에 조미료와 닭대가리로 만든 육수를 부었다. 주인 아줌마는 꼭 쌍란을 하나 넣어주었다. 부화도 못한 채 닭의 배 속에서 발견된 껍질 없는 쌍란이었다. 우동가락 같은 창자에서는 구린내가 났지만, 배고픈 청춘들은 내장을 마구 퍼넣고 소주를 부었다. 그 시절 우리의 몸은 아마도 닭의 내장으로 만든 것이었는지도 모르겠다.

천의 가능성, 달걀
1

한 친구가 오랫동안 총각으로 지내다가 늦장가를 갔다. 짓궂은 녀석들이 그에게 신혼 재미를 캐물었다.

"다른 건 모르겠고, 아침에 달걀찜 그릇이 달그락달그락하는 소리에 잠을 깬다는 건 행복이지."

아침밥은커녕 빵에 잼을 바르거나 설탕덩어리 시리얼에 우유를 붓는 게 고작인 친구들은 와하고 야유를 퍼부었다. 다른 거라면 몰라도 달걀찜이라니. 고소하고 부드러운 달걀찜이 중탕되면서 냄비 속에서 달그락거리는 소리라니. 그가 게으르게 기지개를 켜며 '아, 냄새 좋다' 하면서 식탁에 앉는 광경이 떠올라 다들 샘이 났을 것이다. 달걀찜이란, 사랑 같은 게 없으면 절대로 할 수 없는 요리니까. 시리얼 봉지를 뜯는 것과는 차원이 다르니까.

내가 아는 한 돼지갈빗집 주인은 한때 문을 닫아야 하나, 고민한 적이 있었다. 두말할 것도 없이 손님이 너무 없어서였다. 어쨌든 그는 아무리 술을 많이 마시고 집에 들어와도 꼭 밥을 먹는 습관이 있었는데, 특히 먹다 남은 차가운 달걀찜—그의 표현에 의하면 바닥에 타서 눌어붙은 축축한 달걀찜 찌꺼기—에 뜨거운 밥을 비비는 걸 유달리 좋아했다. 그의 아내가 절대 그걸 흔쾌해할 리 없었으니, 그는 그 달걀찜을 늘 갈망했다. 여담인데, 달걀찜은 찬밥과 더운밥을 온도에 맞춰 골라줘야 맛있다. 즉, 방금 한 뜨거운 찜은 찬밥에 어울리고, 식은 찜은 뜨거운 밥에 비벼야 맛있다. 달걀찜 애호가인 내 친구는 심지어 식은 달걀찜의 비린내가 최고의 맛을 낸다고 주장한다.

어쨌든 그 고깃집 주인은 꾀를 냈다. 구이판에서 달걀찜을 해주자는 거였다. 영업 부진과 달걀찜 사이의 절묘한 랑데부였다. 불고기용 구이판 가장자리를 둥글게 제작하고 거기에 달걀을 부어 즉석에서 찜을 했다. 돼지갈비와 삼겹살 구운 기름이 줄줄 흘러 고기판을 적셨고, 그 기름에 달걀물이 튀겨지듯 멋지게 찜이 됐다. 이 요리법은 특허도 없는지 최근에 어떤 프랜차이즈 고깃집에서 쓰고 있는 걸 우연히 알았다. 그가 특허를 주장할 수도 있겠지만, 그렇게 하지는 않을 것이다. 그는 진정으로 달걀찜을 사랑하므로 달걀찜이 널리 퍼지는 걸 싫어할 리 없을 듯하다.

달걀찜에는 순정파와 양념파가 있다. 파도 빼고 오직 소금만 넣은 달걀찜이 최고라는 주장에 대적하여 한숟갈의 고춧가루가 없으면 달걀찜은 밋밋해진다고 말하는 이도 있다. 새우젓과 육수를 거론하는 사람도 있다. 어찌 되었든 달걀찜은 단순한 물성에 비해 좋아하는 이들이 참으로 많다. 달걀의 부푸는 성질, 그 자체로 충분한 맛과 영양, 거기에 조리가 간단하고 값이 싼 것도 이 요리의 미덕이다.

언젠가 미국의 배우 조지 클루니가 몇억짜리 송로버섯을 샀다고 해서 화제가 됐다. 한국 모 회사의 유럽 지사가 가을에 이탈리아에서 열리는 송로버섯 경매에 매년 참여한다는 소문도 꽤 그럴듯하다. 물론 국내에서 팔려는 건 아니고, 총수 일가 등의 특별 접대에 쓰기 위한 것일 테다. 송로버섯은 캐비어나 푸아그라와는 또다른 차원의 최고급 재료이기 때문이다. 송로버섯이 놀라운 건, 아무렇게나 만든 음식에도 이 버섯가루를 솔솔 뿌리면 금세 최고급 요리로 변신한다는 점이다. 음식의 맛도 송로버섯이 북돋우고 자기도 리사이틀을 하고, 그래서 입에서 한판 진하게 녹아난다. 나는 서양 음식을 즐기는 미식가란 송로버섯을 기점으로 갈린다고 믿는다. 송로버섯을 아는 진짜 미식가, 그렇지 않은 상상 미식가.

송로버섯은 이름은 버섯이지만 요리법이 전혀 다르다. 보통 버섯은 굽거나 볶거나 끓이지만 송로버섯은 무슨 요리든 '그래, 한번 해보렴' 하고 뒷짐 지고 있다가 결정적인 순간에 나타난다. 할리우드 영화의 주인공들처럼. 고기요리든 생선요리든 평범하게 만든 별 임팩트가 없는 요리에 짠 하고 나타나 최상급 요리로 변신시킨다. 그저 얇게 저미거나 강판에 갈아 만든 가루로 말이다. 어떤 가공도 필요 없다.

그 송로버섯이 달걀과 만나 절세의 요리가 되곤 한다. 한개에 오백원밖에 안 하는 달걀에 이 '슈퍼 럭셔리' 버섯은 어울리지 않아 보이지만, 버섯의 산지에선 제법 흔하게 볼 수 있는 요리다. 그렇다고 요리법이 요란하지도 않다. 팬을 꺼낸다, 기름을 두르고 달걀을 부친다, 송로를 갈아 얹는다. 이게 전부다. 달걀프라이라는 순전한 요리가 송로를 만나 사람의 미각을 뒤집어버리는 환상적인 요리가 되고 마는 것이다.

달걀프라이의 백미는 노른자를 어떻게 익히는가에 있다. 평범한 달걀 한개를 팬에 부치는 행위는 단순해 보이지만 미각의 여러 결을 만날 수 있다. 열을 세게 해서 흰자의 겉면을 바삭하게 익힐지, 아니면 아주 약한 불로 부드럽게 익힐지 결정할 수 있다. 노른자의 아래쪽만 익혀서—이걸 '서니사이드업'이라고 부른다—반숙이 되도록 할지, 완전히 익힐지에 따라 요리사의 선택이 바뀐다. 나는 붉은빛이 도는 특별한 노른자를 슬쩍 익혀서 선명하게 보이도록 조리하는 걸 좋아하는데, 누군가는 이걸 '황소의 눈'이라고 명명했다. 그러고 보면 정말 순하되 또렷한 황소의 눈동자 같기도 하다.

달걀프라이는 종종 어떤 기름을 쓰는가에 따라 풍미가 달라진다. 콩기름이냐, 들기름이냐, 낙화생기름을 고르느냐, 올리브유를 쓰느냐. 프랑스와 이탈리아의 일부 지역에서는 버터를 쓴다. 그 맛? 상상해보시라.

달걀프라이의 겉면을 바삭하게 익히려면 센불을 쓰면 되지만, 전혀 다른 요리법으로 최대한 크리스피한 촉감을 얻기도 한다. 종종 중국식당에서 볶음밥에 얹어주는 프라이처럼 말이다. 기름솥에 달걀을 넣어 순식간에 익혀내는 방식이다. 흰자는 튀겨져서 수많은 촉각을 곤두세워 혀를 건드리고, 노른자는 살짝 익어서 톡 건드리면 노란 소스처럼 쏟아져 나온다. 얌전하게 앞뒷면을 부드럽게 익힌 프라이도 좋지만, 튀긴 달걀프라이의 자극적인 식감을 기대할 때도 있다. 빵 사이에 튀긴 프라이를 끼우고 한입 깨물면, 노른자가 입가로 흘러내린다. 그걸 핥아 먹는 관능적인 취식법을 사랑하는 이도 있다. 덜 익힌 노른자는 인간이 만든 온갖 최상급 소스 이전의 가장 유혹적인 소스라는 걸 알게 된다.

 달걀 맛을 보러 일본으로 가보자. 온천에 가면 온센타마고(溫泉卵)라는 걸 판다. 한국의 찜질방에서 파는 맥반석 달걀처럼 목욕은 달걀을 부르는가보다. 뜨거운 온천수에 천천히 익힌 달걀은 유황 냄새를 풍기면서 입에서 녹는다. 낮은 온도에서 서서히 익혀서 질감이 부드럽다. 한때 세계의 고급 미식계를 뒤흔든 '분자 요리'는 저온으로 재료를 익혀 물리적 질감을 해체하는 기법을 쓴다. 온센타마고의 저온 요리법과 같은 이치다.

 일본 요리 얘기가 나와서 말인데, 일본의 초밥집에서 요리사의 기본을 슬쩍 검증해보려면 달걀말이 초밥을 먹어보라는 말이 있다. 맛술과 소금을 넣어 부친 달걀을 밥 위에 얹은 이 초밥은 달콤하면서 녹진한 맛이 있다. 평범해 보이는 달걀을 다루는 기술을 통해 요리사의 불 쓰는 솜씨를 넘겨짚어본다는 것이다. 밥 짓는 솜씨로 수라상을 안다는 말과 비슷하다. 달걀을 기포 없이 조밀하게 부쳤는지 그 밀도를 확인하고, 촉촉하고 폭신한 감촉을 잘 살렸는지 입에서 느껴본다. 간은 좋은지, 단맛과 짠맛의 조화는 어떤지, 그 한조각의

초밥에서 미식의 우주를 보는 셈이다.

    한국과 일본은 언뜻 비슷해 보이는 달걀찜에도 상당한 차이가 있다. 일본은 물을 잔뜩 넣고—심지어 물 8할과 달걀 2할—기포를 없애기 위해 잘 저은 후 부드러운 촉감을 최대한 살리는 쪽으로 중탕해서 찐다. 양념으로 맛술과 다시 육수를 넣기도 한다. 우리가 일식집에서 먹는 달걀찜이 바로 그렇지 않은가. 한국은 그저 소금으로 간을 하고 간혹 파를 좀 다져 넣을 뿐이다. 달걀에 물을 섞지 않아 거친 대신 씹히는 촉감이 있다. 중탕하기도 하지만 불에 직접 올려 만들기도 한다. 그래서 바닥에 눌어붙은 달걀누룽지가 만들어지는 것이다. 뜨거운 밥을 비벼 멋진 야식을 만드는 그 달걀누룽지! 당신이 혀에서 살살 녹는 달걀찜을 좋아할지 아니면 거칠고 투박한 달걀찜을 고를지 나는 모른다. 그래도 밥을 비비자면, 소주를 털어 넣자면 찌그러진 양은냄비나 뚝배기에 막 찐 거친 달걀찜이 제격일 것 같다. 자, 소주 한잔 드시고.

천의 가능성, 달걀
2

　모친은 '가오'가 떨어지면 무슨 큰일이 나는 줄 아는 양반이었다. 다른 글에도 쓴 적이 있지만, 내게 좁쌀 심부름을 시키면서 "병아리 모이라고 해라"라는 당부를 잊지 않던 분이다. 누가 물어보기나 하나. 어린 나는 꽤 그럴듯한 문장을 만들어서 주문을 하곤 했다.

　"병아리를 새로 사 왔는데요, 좁쌀 한홉만 주세요" 하는 식이었다. 영화나 교과서에 보면 이럴 때 쌀집 아저씨는 인자한 웃음을 지으며 "그렇구나, 병아리한테는 좁쌀이 최고지. 잘 기르렴" 해야 맞는데, 실제로는 '이게 뭔 소리여?' 하는 투로 뜨악하며 좁쌀을 종이봉투에 담아 내밀곤 했다.

　모친의 '가오'와 관련된 유명한 일화가 있다. 저녁식사가 준비되었으니 밖에서 놀고 있는 누나를 불러오라는 모친의 분부에 나는 밖에 나가 동네 사람들이 바글바글한 가운데 이렇게 외쳤던 것이다.

"누나, 엄마가 우동국수 먹으러 오래!"

나는 모친에게 왕창 깨졌다. 밥을 못 먹는 형편을 동네방네에 떠든 죄였다. 그날 저녁은 쌀이 없어서 묵은 김치와 멸치를 넣은 공장 우동이 밥 대신이었다. 그 동네가 그렇게 사는 곳이라 새삼스러울 것도 없었고 우리 집 형편을 다들 모를 리 없는데도 어머니는 눈을 가린 채 그렇게 체면을 세우려고 기를 썼던 게다.

그런 모친이니 자초해서 겪는 곤란이 꽤 있었다. 동네서야 부엌살림이 훤히 보이니 오해가 없었는데 밖에서는 종종 사달이 나고 말았다. 내가 다니던 국민학교 1학년 학부모 면담 행사에 모친은 왕년에 좀 살 때 입던 옷으로 제법 화려하면서도 기품 있게 차리고 왔다. 담임선생이 돈 좀 밝히는 이였는데——오죽하면 어린 1학년짜리들이 '와이로'(뇌물) 박사라고 불렀겠나——우리 어머니도 뭘 좀 해야 하는 사람이 되었다. 어찌어찌 봉투를 마련해서 갖다 바치긴 했는데, 연달아 봄소풍이 있었다. 담임선생은 내게 자신의 도시락을 싸 오라고 했다. 모친께 고하니 집이 발칵 뒤집혔다. 마침 쌀팔 돈도 없는 형편이라 층층이 찬합에 무언가 담아가야 할 담임

도시락은 가당한 일이 아니었다. 동네 가게서는 더이상 외상도 주지 않으려 했다. 모친은 그 와중에도 특유의 '가오'를 위해 묘책을 짜냈다. 당시에는 달걀 장수가 집집이 다니며 요샛말로 방문판매를 했는데, 그 아주머니에게서 달걀 한판을 외상으로 얻어냈다. 한줄도 아니고 한판의 달걀이라니, 어마어마했다.

흰밥을 지은 것까지는 좋았다. 문제는 반찬거리가 오직 달걀뿐이라는 사실이었다. 다른 요량이 없던 어머니는 결국 그 달걀 한판으로 온갖 요리를 했다. 들기름을 살살 뿌려 번철에다가 달걀말이를 부쳐 한 찬합, 삶은 달걀을 한줄 준비해 한 찬합, 달걀로 만 초밥이 또 한 찬합, 마지막으로 '후라이'까지 쌀밥 위에 얹었다. 어느 나무 그늘 밑에서 달걀로만 이루어진 찬합도시락을 까며 뜨악한 표정을 짓던 담임선생의 촌스러운 이마와 양산을 받쳐 든 어머니의 난처한 표정이 지금도 생각난다.

그 찬합에 날달걀은 없었다. 그런데 내 생각에 달걀이 가장 달걀다운 건 날달걀 같기도 하다. 작은 몸체 안에 완벽한 영양과 맛을 갖추고 있다. 아버지는 날달걀을 좋아하셨다. 영양이라곤 그게 최고였던 시절이니까. 달걀 몸통에 두개의 구멍을 뚫는 건 물리적 공기역학이랄까. 진공상태가 풀리면서 달걀이 내 몸으로 들어왔다. 그 적당한 농도의 액체가 내 근육과 뼈로 스며들어 금세 튼튼해지기라도 할 것처럼 아버지는 날달걀을 내게 먹이지 못해 안달이셨다. 흰자는 물컹하면서 노른자가 곧 나올 것임을 예견케 한다. 그 맛없고 미끈한 흰자를 열심히 빨다보면 언젠가는 노른자가 나온다. 한 껍질 안에 전혀 다른 태생적 존재들, 생명과 그 생명의 식량, 완충 스펀지까지 흰자와 노른자는 다른 역할을 수행한다. 달걀은 그 숙명적 배치로 생명의 맛을 구성한다. 그중에서 노른자야말로 진짜 달걀의 맛일 테다. 노른자는 부드럽게 익혀야 한다. 예를 들어 카르보나라는 달걀로 맛을 내는데, 잘 저어주지 않으면 뭉쳐서 망가지고 과숙하면 유황 냄새가 난다. 다자이 오사무는 소설 『쓰가루』(1944)에서 "화가 에드가드가는 그가 수상이 되면 아침에 선 채로 달걀과 수프를 먹고 출근할 것이다"라고 하면서 그 순수하고 소박한 품성을 설명했지만, 까다롭기 그지없는 것이 바로 달걀이다.

많이들 경험이 있겠지만, 날달걀 비빔밥은 지금도 한술 뜨고 싶은 음식이다. 누구는 이걸 '소울푸드'라고 하던데, 영혼에 각인될 정도는 아니지만 간혹 입맛이 없을 때 생각이 나긴 한다. 스테인리스나 옛 주발에 뜨거운 밥을 담고 달걀을 깨뜨려 넣은 후 왜간장 한술로 간을 한 비빔밥 말이다. 비 빌 때 흰자가 고루 풀리도록 애를 쓰던 기억도 난다. 이 비빔 밥의 핵심은 밥의 양이다. 밥이 너무 적으면 달걀이 질척거리 고 너무 많으면 소스의 양이 모자라 퍽퍽하다. 간장의 양도 중요한데, 너무 적으면 노른자에서 비린내가 나고 많으면 간 장 맛이 달걀 맛을 이겨버리는 일이 일어난다. 이런 노하우를 이젠 써먹을 데가 없어 썩힌다. 아이에게 대물림해주고도 싶 지만, 요새 누가 날달걀을 비벼 먹겠는가.

한국의 양식에는 어떤 정형화된 패턴이 있다. 스테이크 에 소스를 내지 않으면 큰일 나고—미국인 말고는 스테이 크에 그다지 소스를 뿌리지 않는다—감자요리가 꼭 곁들 여져야 한다. 또 한국인의 시각에 싸구려로 보이는 식재료 는 잘 쓰지 않는다. 왕년의 모친이 보면 화를 내시겠지만, 달 걀은 어쨌든 싸구려가 된 지 오래라 양식 접시에서 보기 힘 들다. 그래서 내가 최고로 치는 달걀요리 중의 하나인 '크러 스트 에그'를 잘 볼 수 없다. 이름은 거창하지만 간단히 설명 하면 튀긴 달걀이다. 달걀프라이도 이름은 튀긴 것이지만, 보 통은 기름을 얕게 써서 건조하게 부치는 걸 의미한다. 크러 스트 에그는 껍질, 즉 흰자 부분을 파삭파삭하게 튀겨야 한 다. 평범한 달걀프라이에 입체감이 생기고 개성이 들어간다.

순간적으로 튀겨져서 표면이 갈색으로 변한 흰자를 입에 넣으면 고소하게 씹힌다. 이걸 샐러드에 얹어 내면 참 개성 있는 요리가 되는데, 정작 우리가 볼 수 있는 경우는 대개 중식당에서다. 뜨거운 기름솥이 늘 끓고 있는 중식당의 부엌에서 달걀프라이 따위는 시시(?)하다. 흰자를 도화지 구기듯 각을 세워 튀겨낸다. 더러 짜장면이나 간짜장면에 올려 내기도 하지만 대개는 볶음밥의 고명이 된다. 솜씨 좋은 요리사라면 노른자는 익히지 않고 크러스트를 잘라내면 주르륵, 밥을 비비기 딱 좋게 흐르도록 둔다. 중국식 볶음밥에 언제부터인가 오므라이스 덮개처럼 달걀을 얇게 부쳐서 얹어 내는 경우가 흔해졌다. 호쾌한 볶음밥이 사라지고 얌전하게 만든 그것이 지금 중식당을 지배하는 유행과 일치한다.

    달걀에 목을 매는 건 동양보다 서양이다. 달걀 없는 서양 요리는 상상도 할 수 없다. 그러니 피자에도 달걀이 불쑥 올라앉아 있다. 폭신하고 질깃하게 반죽한 나폴리식 반죽 위에 돼지기름을 뿌리거나 베이컨 조각 또는 생햄을 올린 후 달걀을 그대로 깨뜨려 올려 굽는 피자가 있다. 이때 달걀의 흰자는 완전히 익고 노른자는 설익어서 이른바 서니사이드업이 된다. 여기에 비스마르크 피자라는 이름이 왜 붙었는지는 알 수 없지만, 이탈리아 대부분의 피자집 메뉴에 올라 있다.

달걀은 내게 그로테스크한 요리의 상징으로도 남아 있다. 스무살 무렵, 어른 흉내를 내기 위해 입에 넣은 곤달걀의 충격이란! 깃털이 혀에 닿는 첫번째 촉감은 마치 내 안의 어떤 굳건한 성벽이 와르르 발밑으로 무너져내리는 듯한 기분이었다. 그 성벽은 인간이 보편적으로 지닌, 확신 없는 음식물에 대한 거부감이라고 해도 좋겠다. 나는 화들짝 놀라 그걸 씹을 수도 뱉을 수도 없는 상황에서 얼른 막걸리를 마셨다. 깃털의 굵은 조직 하나가 채 씹히지 않은 상태로 식도로 넘어가던 선명한 감촉을 지금도 기억하고 있다.

부화하다 죽거나 미처 부화하기 전에 인간의 별난 탐식 취미에 의해 삶아진 곤달걀에는 몇가지 단계가 있다. 흰자가 아직 병아리의 모습을 갖추기도 전, 노른자는 생기지도 않았으며 반투명한 젤리 같은 느낌을 주는 상태가 가장 이른 곤달걀이다. 그다음 단계는 막 모습을 갖춘 병아리가 보이고, 축축한 깃털까지 있는 상태가 마지막 단계다. 사람들이 음식에 대해 얼마나 보수적인지 알려주는 대목이 있다. 내 친구는 워낙 걸걸해서 어려서부터 시장통에서 곤달걀을 먹고 어른 흉내도 곧잘 냈다. 그런 그가 어느 날 명동의 중국집에서 선배에게 오향장육을 얻어먹게 됐다. 장육은 잘도 먹던 녀석이 오리알을 삭혀 만드는 요리인 시커먼 송화단(松花蛋)을 입에 넣더니 얼굴이 파래지면서 화장실로 직행했다.

"개흙을 먹는 맛이었어."

친구들과 싸움박질을 하다가 개골창에 처박히던 시절이었는데, 하수구로부터 밀려 내려온 개흙에서는 그야말로 시큼하고 쾨쾨한 냄새가 났다. 곤달걀은 먹으면서 송화단에서는 시궁창 냄새가 난다는 녀석이 이해되지 않았지만, 사람의 입맛처럼 이해 불가능한 대상도 별로 없을 것이다.

곤달걀과 송화단이 인간이 먹는 음식의 대중적 시장의 그림을 보여준다면, 고귀한 풍경처럼 느껴지는 달걀도 있다. 어느 여행자가 쓴 티베트 절의 풍경에서였다. 오직 보릿겨로 만든 거친 떡—일본의 사진가 겸 작가인 후지와라 신야는 이걸 처음 먹고 진흙이나 배설물이라고 생각했을 정도다—과 어린 싹을 뜯어 넣은 멀건 국만으로 식사를 하는 수행자들의 절이 있다고 한다. 이 절에 유일하게 성찬이 들 때가 있는데, 바로 어쩌다 구하는 달걀이다. 어린 라마승이 달걀 두어 개를 소중히 안은 채 관목도 없는 벌거벗은 티베트의 고산을 오르는 풍경이 눈에 그려진다.

경계 없는 반죽,
메밀

언젠가 외국을 무시로 드나드는 이들 몇명이 음식 이야기를 죄다 풀어놓는 자리였다. 뒷골목 서민 음식이 주제였는데, 어찌어찌 얘기가 파리로 흘렀다. 크레페가 한창 화제로 올라 입맛들을 다실 때였다. 일행 중 유일하게 프랑스 여행 경험이 없던 S가 묵묵히 듣다가 딱 한마디를 했다.

"니들, 메밀부치기(부침개) 먹어봤나?"

그가 특유의 강원도──그의 발음에 더 근접하자면 이응이 탈락되어 '가원도'──사투리로 툭 뱉었다. 이건 어느 작가의 고등어 얘기에 버금가는 절대적인 국면 전환 발언인데, 틀린 말이 아니어서 우리는 더이상 크레페 얘기를 할 수 없었다. 국면 전환 고등어로 말하자면 어떤 작가들의 술자리 일화다. 대다수가 호남 출신이었던 그들은 다들 들과 바다에 널리고 널린 미식의 궁극을 털어놓았다고 한다. 이때 미식 문화랄 게 없는 경북 안동 출신 작가가 비장의 '딱 한마디'로 상황을 반전시켰다. "니들, 간고등어 무봤나?"

참고로, 나도 안동 옆 동네 출신이라 그 작가의 심정을 십분 이해하고도 남는다. 다채로운 음식이라면 비애를 느끼게 되는 것이다. 고향에 맘씨 좋은 종형이 한분 있는데 그는 내가 들르면 무엇이든 먹이고 싶어한다. 그가 내게 대접한 '미식'이란 이랬다. 복국, 광어회, 소고기구이, 돼지고기 석쇠구이⋯⋯ 형님, 뭐 이 고장을 대표하는 음식은 없습니까? 하고 묻는 내게 그는 머리를 긁으며 "니 생선회 싫어하나?" 하며 답하는 게 고작이었다.

어느 동네에 가서 무얼 먹을까 고민하는 사람들이 늘 있다. 인터넷을 뒤적거릴 수도 없던 시절에는 더욱 고심스러웠다. 이에 대한 처방도 꽤 있었는데, 무조건 법원이나 경찰서, 군청 앞에 가서 물어보라는 축부터 택시기사에게 물어보는 게 낫다는 축까지 다양했다. 나는 좀 다른 처방을 내리곤 했는데, 시장으로 가보라는 거였다. 시장에서는 그 동네 사람들이 무얼 먹고 무얼 좋아하는지가 손바닥처럼 드러난다. 예를 들어 부산 자갈치시장에 가서 곰장어구이를, 그 옆 골목에서 곱창을 먹고, 국제시장 옆 부평깡통시장에서 어묵에다 소갈비까지 맛본다면 수륙양용의 부산 입맛을 얼추 떠올려보는 게 어렵지 않다.

    강원도 영월이나 정선, 평창 같은 동네에선 '아하, 이 양반들이 메밀을 좋아하는구나' 하고 알게 된다. 서울 같으면 순대와 떡볶이 좌판이 그득할 곳에 메밀부치기집이 주욱 늘어서 있다. 그래, S가 큰소리쳤던 바로 그 부치기다. 영월시장에 들어서면 고소한 기름 냄새가 나는데 그건 기름집에서 풍기는 것이 아니다. 시장 한쪽을 거의 점령하다시피한 부치기 좌판 때문이다. 갑자기 한판은 돌았을 늙수그레한 아주머니들이 냉난방도 안 되는 좌판을 사시사철 끼고 앉아서 부치기를 부쳤다. 그런데 그게 사뭇 예술이었다. 부치기를 주문하면 아주머니는 묽은 메밀반죽을 휙 한번 저은 후 번철 위에 가볍게 끼얹는다. 국자로 동심원을 그리며 고르게 펴주고는 신김치 한쪽을 척 올린다. 기름이 달궈지면서 메밀반죽을 천천히 익힌다. 두껍지도 얇지도 않은 반죽이 맞춤하게 익으면서 구수한 냄새를 풍기면 아주머니는 널따란 뒤집개로 반죽을 뒤집는다. 이내 신김치가 기름에 지져진다. 그즈음에 누구나 '조껍데기 막걸리' 한사발을 들이켠다. 조화로운 맛이다. 부치기 위의 신김치는 계속 막걸리를 부르고 메밀은 여행에 허룩해진 배를 채운다.

크레페는 유럽 사람들의 부침개다. 달게 부치기도 하고 밥으로 먹게끔 소금과 치즈를 쳐서 굽기도 한다. 디저트이자 식사도 되는 특별한 존재다. 크레페가 파리 뒷골목이나 카페의 인기 메뉴인 것은 사실이지만, 그렇다고 프랑스만의 것도 아니다. 이탈리아 사람들도 크레페를 부친다. 특히 식당에서 만만한 디저트거리가 없으면 꺼내는 비장의 아이템이다. 밀가루에 버터, 달걀, 설탕 같은 주방에 널린 재료를 쓰기 때문이다. 평소에 채소나 고기를 굽는 넓은 번철에 불을 살살 올리고 반죽을 친다. 물을 넉넉히 잡아 묽게 반죽하는 게 핵심이다. 내 어설픈 책 『지중해 태양의 요리사』(창비 2009)에도 나오는 요리사 페페는 크레페깨나 부치는 선수였다. 그는 풀빵 반죽보다 묽은 크레페 반죽을 쳐서 버터를 바른 번철 위에 힘껏 뿌렸다. 반죽을 올리는 게 아니라 마치 대청소 시간에 양동이에 든 물을 뿌리는 듯한 동작이었다. 그렇게 해야 반죽이 찰나에 고르게 퍼진다. 습자지보다 얇게 퍼진 반죽은 순식간에 익어서 저 혼자 꿈틀거린다. 그러면 페페는 다시 반죽 한쪽에 뒤집개를 넣어 흡사 아침에 화난 엄마가 이불 뒤집듯 훌렁 뒤집어버린다. 신중하게 손을 놀리지 않고 조금이라도 주저하면 반죽이 제대로 뒤집히지 않거나 찢어진다. 그야말로 바람이 마당에 널어놓은 홑이불 자락 흔들

듯이 뒤집어야 한다. 구운 크레페 사이에 크림을 넣어 이불 개는 양 말아서 그 위에 캐러멜소스를 뿌렸다. 여기에 딸기를 한쪽 곁들이면 그럴 듯한 디저트가 되었다. 부치기든 크레페든 가장 맛있는 부위는 반죽의 둥그런 테두리다. '보르고'(borgo)라고 부르는—이탈리아어로 경계(境界)를 뜻한다—그 부위는 입안에서 바삭하게 부서진다.

크레페의 또다른 경지를 맛본 것은 뉴칼레도니아, 태평양에 떠 있는 자그마한 섬에서였다. 프랑스령인 그 땅의 한 유명한 크레페집에 초청자가 일행을 몰고 갔다. 다들 크림을 잔뜩 쓰는 프랑스식 음식에 슬슬 물릴 때여서 그날의 초대가 그다지 반갑지는 않았다. 느끼하고 떫은 입에 크림을 친 크레페라니. 차는 바람이 들이치는 언덕에 우리를 부려놓았다. 볼때기가 한쪽으로 밀릴 만큼 세찬 바람에 정신을 차릴 수 없었다. 바람 속에서 언덕 위의 그 집이 보였다. 엉성하게 엮어놓은 가설주택 같았다. 검은 피부의 어린 여자아이가 우리에게 크레페를 날라왔다. 코에 익은 고소한 향을 풍기는 매력적인 크레페였다. 나는 크레페의 얇은 귀를 잘라 입에 넣었다. 흠, 무슨 냄새더라. 여자아이가 투명한 이를 드러내며 설명했다. "메밀 크레페예요."

크레페의 귀를 다 잘라 먹자 나도 모르게 촉촉한 반죽

으로 손이 갔다. 얇고 부드러운 반죽이 입에서 천천히 녹았다. 구수한 메밀 향이 퍼졌다. 메밀이 내장까지 번져가서 순수해지는 시간을 기다렸다.

우리나라는 메밀의 나라다. 밀가루가 부족했던 조선조에 부자와 양반들은 중국 화베이 지방에서 수입한 밀가루로 국수를 만들어 먹기까지 했다. 메밀은 민중의 음식이었다. 거친 메밀의 이미지는 그때 만들어졌다. 반면 일본은 좀더 정교한 메밀을 즐긴다. 매년 11월이면 일본의 어느 도시든 메밀국숫집에는 이런 글귀가 적힌 안내문이 붙는다.

"아다라시 소바 개시!"

막 수확해서 탈곡한 메밀이 나왔다는 뜻이다. 프랑스에서 11월 셋째주에 나오는 햇와인 '보졸레누보'가 생각난다. 에밀 졸라의 소설 『목로주점』(1877)의 주인공들도 아마 파리의 노동자지구 '벨빌'에서 보졸레누보를 마셨을 것이다. 순정한 이들은 만물을 먹는다.

언젠가 일본식 메밀국수를 먹는 한가한 여행을 간 적이 있다. Y형과 H형이 동행한 소바 여행은 메밀꽃처럼 날리는 눈발로 애를 먹었다. 도쿄는 어지간해서는 큰 눈이 오지 않는다. 텔레비전 속 뉴스 앵커는 백년 만의 폭설이라고 했다. 우리는 길을 만들어가며 소바를 먹으러 다녔다. 오페라

전문가 H형이 말했다.

"파바로티가 말이우, 인생이 살 만한 건 때가 되면 밥상에 앉아 무언가를 먹을 수 있기 때문이라고 했수."

그런 파바로티도 죽었다. 고향 모데나의 명물인 늙은 호박을 넣은 만두를 더이상 먹을 수 없게 됐다. 살아 있을 때 우리는 더 먹어야 한다. 220년 된 소바집에 들어선다. '사라시나(更科)'라고 부르는, 메밀 속살을 도정한 하이얀 국수를 삼켰다. 스스루(후루룩), 일본은 국수를 소리 내어 먹는다. 그것으로 입술의 육감적인 쾌감을 얻는다. 사누키 사람들이 국수가 놓인 탁자에서 목구멍까지 우동 면발이 단 한번도 끊어지지 않도록 '스스루' 하는 것을 진미로 치는 건 그런 이유다. 입술에서 얻는 쾌감이 식도로 이어지는 탐미다. 나는 도쿄역 앞에서 딱딱이를 치며 전도하는 일본 종교 신자들의 주문 같은 말을 외었다. 스스루, 사라시나, 스스루, 사라시나. 눈은 그쳤고, 소바의 맛만 남았다. 소바의 맛은 메밀의 맛이 아니다. 그 국수가 치고 지나간 통증의 맛이다. 소바에는 어울리지 않게 목을 조르는 듯한 독한 술을 한잔 곁들인다. 도쿄에 다시 폭설이 올 날을 기다린다. 내 생애에는 오지 않을 것이다.

혀끝에 닿은

물

2부

봄이 오면
달그락, 조개

봄인 줄 알고 밖으로 성큼 나섰다가 놀랄 때가 있다. 아직 추운 만동(晚冬)이 호통을 친다. 그래도 봄은 온다. 만동이 발을 걷든 말든 봄은 틀림없이 오고야 만다. 서해안으로 나섰다. 봄을 보아야 했다. 기나긴 겨울에 지쳤다. 정신도 몸도 경직되어 있다. 몸을 풀어야 할 듯한 기운이다.

서해안에 자욱하게 봄이 온다. 새조개를 넘어 주꾸미와 함께 봄은 당도한다. 바다를 바라보는 둔덕에는 아지랑이가 피고, 서해안 쪽의 아담한 낮은 산들이 기지개를 켠다. 산에 올라 멀리 갯벌을 본다. 물이 들고 나며 갯벌을 도화지 쓰듯 한다. 살이 오른 갈매기들이 낮게 비행한다. 조개를 먹기 위해서다. 봄 조개라면, 그들이 먼저 알아채는 것일까.

"진달래 피픈 봄이어. 조개에 맛이 들어."

사물의 운행은 정확하다. 땅에 바람이 차든 맵든 봄이야 오는 것이다. 조개가 살을 찌우기 시작한다. 진달래 피는 철에 담뿍 맛을 올린다.

나는 식당의 메뉴를 짤 때 제철 재료를 우선한다. 그렇다고 우리 것만 써야 한다는 그런 고답적인 타령을 하려는 건 아니다. 다만 가장 맛이 좋은 것은 결국 우리 땅의 산물인 제철 재료다. 해가 나고 나무가 옷을 갈아입듯이 철에 맞추어 장을 본다. 장은 음식을 담보한다. 장이 곧 음식이다. 그래서 봄이면 조개다. 이탈리아 음식도 철에 맞게 맛을 내야 한다. 심지어 이탈리아에 있을 때는 겨울 치즈와 여름 치즈를 나누어 썼다. 대개 여름엔 치즈 메뉴를 줄였다. 양과 소, 염소도 더위를 넘기느라 먹성이 줄고 고생을 한다. 당연히 치즈의 맛이 떨어진다. 지금이야 달라졌지만, 원래 서양에서도 여름엔 돼지를 먹지 않았다. 겨울이 되고 돼지가 맛이 잔뜩 올랐을 때 잡았다. 농민의 시기적 여유와 먹을거리의 철에 따른 운행이 맞아떨어져야 칼을 댔던 것이다. 조개도 마찬가지다. 봄 산란철이 한참 지나고 나서야 맛이 들고 또 독이 없다. 그런데 손님들과 충돌이 생긴다. 어떻게 봉골레도 없는 식당이 다 있느냐고 항의한다. 나야 뭐, 당신은 우주의 자식이 아니냐고 반문하고 싶을 뿐이다.

조개는 겨우내 맛이 없다. 먹이 활동을 줄이고 납작 엎드려 추위를 나기 때문이다. 그래서 봉골레 스파게티는 바지락이 맛있는 4~6월에 잠깐 먹을 만하다. 계절에 맞게 나는 바지락을 사서 해감을 하고 질 좋은 올리브유에 볶아내야 한다. 난들 어쩌랴. 그 맛이 안 나는 계절에 먹자면 결국 정체 모를 닭가루를 섞고 온갖 맛을 더해야만 한다.

만물이 대개 그러하듯 조개는 너무 춥거나 더운 걸 싫어한다. 그래서 내가 아는 한 생태주의자는 조개조차 맨손으로 만지지 않는다. 사람의 더운 체온에 녀석들이 놀라는 걸 바라지 않기 때문이다. 생김새에 주둥이와 얼굴이 보이지 않으니 하등하다 하겠지만 녀석들도 생명의 예민함을 갖추고 있다. 그래서 잘 달래가며 해감을 해야 한다고, 시장의 아주머니들은 말한다.

"해감은 억지로 하면 못 써. 살살 얼러야 지분거리는 걸 뱉어내지."

맞는 말씀이다. 어머니 격인 아주머니들 말씀은 틀리지 않는다. 반듯한 활자로 쓰인 레시피만 신봉하지 말라, 내가 어린 요리사들에게 하는 말이다. 세상에서 배운 레시피가 더 차지고 알차다.

적당히 차갑고 깨끗한 물에, 기왕이면 소독약 냄새가

없어진 정수한 물에 조개를 담근다. 소금은 바닷물보다 짜지 않을 만큼 적당히 푼다. 약간 싱거운 듯 심심하게 간을 한다. 그래야 조개가 마음을 놓아 해감이 된다. 그저 그릇에 마구 담아두기만 하면 안 된다. 서로 겹치지 않게 둔다. 조개도 수직으로 겹겹이 쌓여 있으면 괴로울 터이다. 먹이를 주지 않으므로 뱉어낸 해감을 다시 먹을 수 있다. 이걸 막으려면 성긴 체에 받쳐 물에 담가두어야 한다. 그러면 밑으로 떨어진 해감을 다시 주워 먹는 일을 막을 수 있다.

봉골레 스파게티를 만드는 법. 우선 좋은 조개를 골라 성심껏 해감한다. 올리브유를 자글자글 끓이다가 으깬 마늘을 넣어 향을 낸다. 재빨리 조개를 한무더기 넣고 드라이한 화이트와인을 조금 붓는다. 조개가 보글거리며 입을 벌리고 와인이 조갯살에 깃든다. 조개는 천천히 머금고 있던 '맛'을 뿜는다. 그것이 뜨거운 마늘기름에 더해지면서 비로소 고소하고 진하며 바다 향이 잔뜩 밴 소스가 만들어진다. 삶은 스파게티를 건져 소스에 넣고 빠르게 젓는다. 솜씨 좋은 요리사는 소스를 빨아들인 스파게티 가락을 공중에 올려 키질을 한다. 솟아올랐던 스파게티가 척, 처억 맛있고 육감적인 소리를 내며 프라이팬에 떨어진다. 그렇게 빠르게 공중을 돌면서 면에 소스가 온전히 스미고, 소스의 여분은 마치 마요네즈처럼 진득하게 유화(油化)된다. 이제, 포크를 들면 된다.

봄에 서해안 사람들은 각별한 탕을 끓인다. '왈그락탕'이다. 어떤 이는 왈가닥탕이라고도 하는데, 이름만 들어도 벌써 그 요리법이 머리에 떠오르지 않는가. 맑은 물을 담은 냄비에 해감한 조개를 넣고 불에 올린다. 다진 마늘이나 파를 한줌 넣을 수도 있다. 조개가 끓어오르면서 왈그락달그락, 소리를 내서 왈그락탕이라고 부른다. 그게 전부다. 냄비가 바다가 되고, 먹는 이들조차 바다가 된다.

조개를 백숙으로 먹는 것도 제대로 먹는 법이다. 살이 두툼한 백합이나 충분히 자란 바지락을 쓰면 좋다. 다른 재료는 아무것도 넣지 않고 술이나 한숟가락 넣는 게 좋다. 조개가 입을 딱딱 벌리면 조금 더 기다려서 까먹으면 된다. 물을 따로 넣지 않고 찜을 하듯이 조리해도 좋다. 이때 물 좋은 조개는 살을 꺼내면 찐득하고 끈끈한 액체가 비친다. 혀가 오그라들 정도로 감칠맛이 강한 아미노산이 잔뜩 든 천연의 소스다. 이런 조개야말로 깊고 진한 맛이 있다. 국물을 내기도 아깝고, 그저 까먹는 게 좋다. 손에 조개즙을 묻혀가며 소주잔을 기울이는 일이란!

'먼우금'이라고 불리운 전설의 바다가 있었다. 연수동이며 동막이라고 부르는 지금의 인천 신도시 지역으로, 한때

꼬막이 왔다
생굴무침 우리 나라것어
고향는 바다여
간재미 우침

끝없이 펼쳐지는 조개의 바다였다. 모래사장과 개펄을 밟으면 빠각빠각 소리가 났다고 한다. 지천이던 조개 깨지는 소리였다. 인천에서 오래 산 미식가 신태범 선생은 먼우금이 사라진 것을 인천의 변화 중에서도 가장 아쉬워한다. 상합조개(백합)와 바지락이 지천으로 깔려 있던 천혜의 바다가 사라진 것이다. 1960, 70년대만 해도 해변가에 조개를 파는 집이 죽 늘어서 있었다고 그는 증언한다. 워낙 물량이 많고 질이 좋아 당시 최고의 수출 품목이기도 했다. 주로 일본으로 보냈다고 한다. 이제 바다는 멀리 물러났고, 그 자리엔 신도시와 산업단지가 드문드문 들어섰다. 잃은 게 추억뿐은 아니다.

조개찜은 중국식이 아주 맛있다. 약간 태운 듯한 향미가 그렇고, 특히 뿌린 술과 조개즙의 조화가 이채롭다. 태운 향이 나는 것은 중국요리 특유의 '불 지르기' 때문이다. 강하게 화력을 받치고 술을 뿌리면 조개의 비린내가 잡히고 재료가 적당히 불에 그을게 된다. 그 맛이 이른바 '불맛'을 내면서 식욕을 더욱 동하게 만든다. 홍콩에서 먹은 조개찜에서는 황주 냄새가 났다. 중국 남부의 발효주로 향기가 아주 뛰어난 술이다. 그 술이 조개와 만나 다른 한 경지를 연다. 중국요리에 빠지지 않는 고수까지 넣으니 머리가 어질어질해지며 향긋한 맛이 입안 가득 터진다. 다 먹고 나면 이렇게 외친다.

"미판(米飯)!"

쌀밥이다. 하얗게 지은 밥을 그 국물에 비빈다. 황주를 곁들여 한잔씩 마시면서 밥을 한술 뜬다. 세상에는 다양한 맛이 있다는 걸 알게 된다. 침이 고인다.

바지락칼국수를 좋아하지 않는 이는 드물다. 칼국수는 지역별로 다른 소스를 써서 만드는데, 경상도를 비롯한 남쪽과 내륙에서는 멸치를 많이 쓴다. 마른 멸치는 그 자체로 감칠맛이 진하고 국수의 풀 냄새를 옅게 하는 효과가 있다. 사골을 쓰는 서울식도 있다. 뽀얀 국물이 고급스럽다. 서해안식으로는 역시 바지락이다. 애호박을 숭숭 썰어 넣어도 좋다. 바지락이 뱉어낸 국물은 미끈한 칼국수와 더해져 한껏 깊은 맛을 낸다. 제물로 삶으면 국수의 전분이 풀려 더 진한 맛을 낸다. 따로 국수를 삶아 바지락 삶은 물에 말아내면 깔끔한 맛을 강조하는 건진국수가 되지만, 나는 한데 넣고 끓여서 맛이 서로 섞이고 탁해지는 제물국수가 좋다. 바지락이 국수 속으로 속속들이 밴 듯한 느낌을 준다.

칼국수 맛은 곁들이는 김치가 결정짓는다고들 한다. 대개는 묵은 김치나 막 담근 겉절이를 곁들인다. 나는 김치는 딱 한쪽만 먹는다. 조개의 은근한 향이 김치의 매운 자극을 이겨내기 힘들기 때문이다. 바다 향 가득한 국수를 다 먹고 입가심하듯 김치 한점을 입에 머금는다.
 조개가 살을 찌우는 봄이다. 저 바다로 가지 않을 수 없다. 조개 한줌을 얻어 왈그락탕을 끓여볼까. 당신의 봄맞이 미식에는 조개가 있습니까.

그 여름,
마법의 홍합

아무 대책 없이 경남 통영에서 배를 타고 떨어진 길이었다. 하필 피서객들이 줄을 잇는 삼복더위였다. 혀를 끌끌 차며 다녀봐도 매물도에 우리가 묵을 방은 없었다. 하릴없이 천막으로 둘러친 임시 횟집에서 고양이 낯짝보다 작은 줄돔 새끼를 회 쳐서 쓴 소주를 마셨다.

그러니까 우리가 학교 앞 단골 선술집에서 작당을 하여 통영행 버스에 올라탄 것까지는 좋았다. 낮술로 마신 막걸리를 휴게소에서 오줌으로 다 쏟아내고 깊은 잠에 빠졌다가 깨어나니 통영이었다. 한때 행정 지명상 '충무'라고 불렸지만 정작 주민은 아무도 그렇게 불러주지 않은 통영 말이다. 말로만 듣던 항구는 정말 미항이었고 시장통의 생선전도 무척 대단했다. 문제는 우리 작당 중 누구도 왜 우리가 통영 여행을 떠나와야 했는지 이해하지 못했다는 점이다.

또 문제는 막걸리였다. 소주나 고량주가 취기가 확 올랐다가 금세 깨버리는 술이라면 막걸리는 잠수부처럼 물밑으로 사람을 쑤욱 끝도 없이 밀어 넣는 독특한 술이다. 막걸리는 취하는 게 아니라 젖는 술이다. 그렇게 우리는 막걸리에 젖어 통영까지 내려갔던 것이다. 어찌어찌 하룻밤을 자고 섬이 멋있다는 매물도에 가겠다며 신발을 질질 끌면서 걷던 꼴이라니.

휴가철에 숙소랄 것도 없이 민박집이 전부이던 남해의 명소 매물도에 예약도 없이 들어간 것 역시 문제였다. 돌섬이라 한뎃잠을 잘 곳도 마땅치 않았고, 그나마 얼마 안 되는 평평한 곳은 이미 다른 휴가객의 텐트가 들어서 있었다.

여름 바다모기는 맹렬했다. 친구 녀석은 소주를 마실 때마다 모기가 입안까지 들어와 잇몸을 물어뜯는다고 투덜댔다. 나 역시 입술을 물리는 바람에 녀석의 투정이 엄살 같지 않았다. 체력이 바닥나고, 소주에 대취한 우리는 정말 어디라도 눕고 싶었다. 섬에는 불빛이 적었다. 이미 밤바다는 홍합껍데기처럼 검고 반질반질했다. 섬의 비상발전실 근처를 어정거리다가 우리는 아주 그럴듯한 장소를 발견했다. 발전기 옆에 사람 두엇이 누울 만한 '공구리' 바닥이 있었던 것이다. 그 바닥에 등을 대니 살 것 같았다. 그러나 평화도 잠깐, 관리인인 듯한 주민이 와서 우릴 쫓아내버렸다. 섬에서 가장 중요한 시설물을 술 취한 외지인들이—그것도 남루한 차림새의—점령하게 놔둘 리 없었다.

또 문제는 홍합이었다. 우리는 혹시라도 거두어줄 사람이 있을까 기대하면서 마을을 돌았다. 어느 집에선가 우리의 창자를 뒤흔드는 냄새가 났다. 마침 한 집의 나이 든 아주머니가 부엌에서 홍합된장국을 끓이고 있었던 것이다. 우리는 홀린 듯 그 집으로 들어섰다. 그래, 그건 마법이었다. 졸리고 피곤한데다가 연일 마신 술로 해장이 간절할 때 풍겨 온 홍합된장국 냄새가 마법이 아니면 뭐가 마법이겠는가.

아주머니는 다행히도 우릴 받아주었다. 홍합된장국의 주인인 아저씨도 미처 덜 깬 술기운 탓인지 우리에게 방 한 칸을 내주었다. 그리고 그 심야에 벌어진 홍합된장국 파티는 결국 아저씨가 숨겨놓은 됫병 소주가 바닥나고서야 마무리되었다.

아주머니는 해녀였다. 그 시절, 제주 말고 남해에도 해녀는 흔했다. 한산도 출신의 그 아주머니는 돌섬 매물도에 시집와 아저씨 술 뒷바라지로 평생을 보낸 것 같았다. 아주머니의 홍합은 정말 특별했다. 미역처럼 검고 무서운 바닷속으로 잠수하여 건져낸 홍합이었다. 발라놓은 살이 어린애 손바닥만 했다. 그걸 칼로 저미고 토장을 풀어 국을 끓였다. 양념이래야 마늘 두어톨이 고작이고 섬이라 채소가 귀해 변변한 건더기도 없었다. 그러나 된장국의 맛은 기가 막혔다. 물컹이는 살점이 썹히면서 진액을 입안에 내주었다. 자연산 홍합의 맛이었다. 원래 해물요리는 특별히 까다롭다. 미지의 푸른 파도 아래, 심해에서 건져낸 재료를 쓰기 때문이다. 그러나 좋은 자연산 홍합을 만난다면 모든 것이 수월하다. 간만 맞추면 국이든 찜이든 제맛을 낸다.

양식한 홍합에서는 찾아볼 수 없는 깊은 맛이 자연산 홍합에서 우러나온다. 홍합 같은 조개는 그가 사는 물의 역사를 살과 껍데기에 담는다. 무수한 물이 수관을 통해서 그 조갯살에 아로새겨진다. 홍합마다 제각기 맛이 다른 것은 결국 그 물의 역사, 물맛의 차이 때문일 것이다.

요리사 K 선배는 홍합을 잘 다뤘다. 자연산 홍합을 구하면 우선 칼로 관자를 슬쩍 잘라 입을 열었다. 자연산 홍합은 주둥이가 질기다. 그는 가위로 그 주둥이를 잘라냈다. 그러고 마늘을 뿌린 버터에 살점을 던져 넣었다. 아, 그때의 향기란! 매물도 된장국 향기의 서양 버전이었다. 마늘이 버터에 타면서 매캐한 양념 맛이 살 속에 깃들면 그는 재빨리 불을 끄고 팬에 뚜껑을 덮었다. 그렇게 2~3분을 놔두면 마늘 향이 홍합 속으로 깊게 밴다고 했다. 뚜껑을 열어 막 다진 파슬리 한줌을 뿌리면 이탈리아식 홍합볶음이 완성됐다. 거친 빵이 있으면 그 국물에 꾹꾹 찍어 먹는다. 이탈리아 해안가의 든든한 서민 요리였다. 빵이 없으면 홍합 살을 다 건져 먹고 난 국물에 쌀을 볶았다. 국물이 쌀에 맛을 들이면서 향기롭고 진한 리소토로 변신했다. 그는 마법의 손을 가진 것 같았다.

홍합은 지중해에서 바닷바람 좀 쐬었다는 요리사라면 누구나 사랑하는 재료다. 간단한 수고로 멋지고 푸짐한 요리를 만들 수 있기 때문이다. 홍합 한자루가 있으면 수십가지 요리를 차릴 수 있다. 먼저 우리가 사랑하는 홍합찜이 떠오른다. 그 버전도 다양해서 토마토를 쓸 수도 있고 마늘 오일을 활용할 수도 있다. 후자의 경우, 바닥이 두툼한 냄비에 향기로운 올리브유를 두르고 마늘 한쪽을 굽는다. 오일에 마늘 향이 잔뜩 배도록 기다렸다가 잘 손질한 홍합을 차가운 샘물에 씻어 넣는다. 그리고 화이트와인을 반 컵 넣고 뚜껑을 닫는다. 그게 전부다. 정말 그게 전부라니까. 요리법이랄 것도 없이, 간단한 조리로 맛있고 진한 홍합찜이 탄생한다. 뚜껑 안에서 홍합은 이글이글 열을 받아 일제히 입을 벌린다. 그리고 맛있는 국물을 토해낸다. 아무것도 가미할 필요가 없다. 바질이나 월계수 잎이 몇장 있으면 넣어도 좋고, 아니면 말고. 매운 페페론치노 고추 두어개를 부숴 넣을 수도 있다. 마늘을 올리브유에 볶을 때 페페론치노를 함께 볶으면 눈물이 찔끔거리게 매운 요리가 된다. 홍합조차 만만치 않다는 뜻인가. 인생이 매우니 홍합도 매워야 하는 법인가.

한 친구는 어떤 상황을 명쾌하고도 독창적으로 해석하는 능력이 있었다. 이를테면 이런 식이었다.
"계곡의 상류는 조용하고 하류는 시끄럽다네. 물이 적으니 소란도 적은 법. 세상사도 그렇지 않은가."
이 도사가 홍합에 대해서도 한마디 했다.
"홍합 안주를 돈 받고 팔기 시작하면서부터 인정의 시대가 저물고 물질의 시대로 접어든 셈이지."
녀석의 해석인지 넋두리인지 모를 그 말은 꽤 그럴듯했다. 시장에서 홍합은 여전히 싼데, 술집 인심은 야박해졌다. 내가 술을 배우던 때는 그의 표현대로라면 인정의 시대였다. 홍합을 흔히 빈자의 굴이라 한다. 값이 싼데 맛은 좋다는 뜻일 게다. 포장마차 주인은 홍합이 담긴 양은대접을 서너번은 더 채워주었다. 홍합을 워낙 좋아했던 나는 그 홍합 안주가 무료라는 사실이 도리어 불편했다. 돈을 받고 팔았다면 당당하게 먹고 싶은 만큼 시켰을 텐데, 공짜인지라 청하기가 무색했던 탓이다. 그 공짜 홍합에도 예(禮)가 있었으니, 알맹이를 다 까먹었다고 한그릇을 더 청하는 건 예가 아니었다. 국물까지 알뜰하게 먹고 난 뒤에야 당당히 추가를 외칠 자격이 주어졌던 것이다. 충분히 끓여서 국물이 진득해지기 전에 퍼주는 건 주인의 예가 아니었고, 단골에겐 마지막 홍합을 퍼주는 게 또 예였다. 홍합을 끓인 거대한 들통 바닥에 홍합 알맹이가 가득했기 때문이다. 그래서 어중간한 때 홍합을 받으면 껍질만 수북하고 알맹이가 빠져 있는 경우가 많았다. 이런 현상을 방지하기 위해 어떤 포장마차에서는 홍합을 미리 꺼내두었다 주문이 오면 토렴하듯 홍합을 빠뜨려주기도 했다. 골고루 분배가 되는 장점은 있었는지 몰라도 알맹이가 말라서 그다지 인기는 없는 방식이었다.

    홍합은 요리법이 간단하다. 그런데 홍합탕 하나 끓이는 데에도 마늘을 넣네 어쩌네, 파는 넣네 안 넣네 말이 많다. 나는 순수한 요리법을 지지한다. 홍합 무게의 절반쯤 되는 물을 넣고 오직 홍합만으로 탕을 끓이는 것이다. 비린내를 잡아준다는 술도 필요 없고 마늘이며 파도 의미 없다. 더러 후추를 뿌리기도 하는데, 이거야말로 과공비례(過恭非禮)다. 홍합은 스스로 맛을 내는 희한한 재료다. 그저 맑게 끓이면 국물에 청량감이 돌고 시원한 맛이 머리끝에 이른다. 그리고 뒤늦게 감칠맛이 천천히 찾아든다. 그 홍합을 밀쳐두었다가 한번 더 끓이는 것도 좋다. 마치 '어제의 카레'──어제 만들어두었다 식은 카레를 뜨거운 밥에 비비는 방법으로 일본 만화 『심야식당』(아베 야로 지음, 미우 2008~24)에 나와서 유명해졌다──와 비슷하다. 여러번 끓인 홍합은 시원한 맛은 덜하지만 감칠맛이 더 깊어진다. 국물이 특히 그렇다. 알맹이는 부드러워져서 졸깃한 식감의 갓 끓인 홍합과 비교되는 새로운 식감을 선사한다. 크림처럼 부드러운 홍합 살은 정말이지 진미다. 묵은 홍합을 다시 끓이면 국물은 진해지고 혀가 무너지듯 감칠맛이 난다. 이런 홍합요리에 인공조미료를 넣는 것은 그야말로 홍합에 대한 모독이요, 감칠맛을 처음부터 다시 배워야 할 일이다.

우리가 먹는 홍합은 자연산과 양식 두가지로, 서로 종이 다르다. 대부분 사람들은 자연산을 지지한다. 그런데 양식이 더 맛있고 좋을 때도 있다. 자연산은 서식하는 환경에 따라 맛이 너무도 다르다. 근처에 유기물이 충분치 않고, 있다 하더라도 그다지 맛없는 유기물을 먹고 자란 홍합은 당연히 맛이 없다. 자연산이니 다 맛있을 거야, 하고 기대했다가는 실망할 수 있다는 얘기다. 양식 홍합은 우리의 행복이다. 값

싸지, 맛 좋지, 사철 나오지…… 이렇게 만만하면서도 맛 좋은 해물이 어디 흔한가. 게다가 요리법도 간단하고 양도 푸짐하다. 홍합 1킬로그램을 수산시장에서는 삼사천원이면 산다. 그것도 손질이 어느 정도 되어 있는 것이다. 우리 바다가 홍합을 양식하기 쉬운 조건이어서 이런 혜택이 생겼으니 정말 감사한 일이다. 양식 홍합은 살이 부드러워서 먹기 좋다. 자연산은 주둥이 주위를 잘라내고 먹지 않으면 대개 질기다.

내가 이탈리아에서 모시던 셰프는 농담 반 진담 반으로 홍합이야말로 최고의 식재료라고 했다. 값이 저렴한데다 익으면 입을 벌려서 양이 두배로 보이는 신기한 마술을 부린다. 결정적으로 '맛있지 않으냐'고 그는 되물었다. 그렇다. 미식가라면 홍합에 감사의 마음을 바쳐야 한다. 일본식 홍합탕 중에 버터를 넣은 것을 먹어본 적이 있다. 일본 사람들은 '빠다'를 아주 좋아해서 홍합탕에도 거침없이 넣는다. 하얗고 진한 국물이 일품이다. 프랑스, 특히 겨울의 파리에는 맛있는 홍합요릿집이 즐비하다. 체인점도 많다. 홍합에 와인을 넣고 조린 뒤 거기에 빵을 곁들인다. 국물이 아주 짜다. 우리처럼 물을 넣고 끓이지 않고 홍합 자체의 간으로 먹는 방식으로 원래는 벨기에식이다. 맛이 좋긴 한데, 그 값을 보면 역시 한국 생각이 난다. 한국 홍합 만세!

얇게 저민 파도 한자락, 어란

내가 이탈리아에서 한 시절 열었던 식당엔 종종 방물장수 K가 들르곤 했다. 태양에 말린 풀리아산 토마토, 피에몬테의 숲 냄새가 진동하는 하얀 송로버섯, 페리고르산 살진 푸아그라 같은 것들이 그의 보따리에서 나왔다. 언젠가는 깜짝 놀랄 물건이 있다며 주섬주섬 꺼내 보였다. 사르데냐산 숭어알이었다.

이탈리아와 한국의 유사점을 이런 데서도 발견하고 깜짝 놀란다. 숭어알이라니. 비록 제법은 조금 다르지만 맛만큼은 비슷했다. 처음엔 씹으면 갱엿처럼 잇몸에 들러붙는다. 그걸 조금씩 녹이면 알이 터지면서 기름이 자근자근 입안에서 녹는다. 이내 짭짤한 여진이 혀뿌리에 오래도록 남는다.

이탈리아에서 어란은 '보타르가'(bottarga)라고 불린다. 우리가 어란이라고 하면 거두절미하고 숭어알을 지칭하듯이 이탈리아도 그렇다. 숭어알은 독보적인 놈인 것이다. 명태도 민어도 참치도 어란을 만들지만 그저 '어란'인 것은 숭어알이다. 그럴 만도 하다. 파리에서 가스트로노미(gastronomie)라고 부르는 고급 식재료 상점에 들러 어란을 보자고 하면, 주인은 다이아몬드를 다루듯 나무 상자를 조심스레 열어 밀랍에 싸인 보타르가를 꺼낸다. 그러고는 이렇게 나지막하게 외치고 유혹의 눈빛을 보낸다.

"카라스미(からすみ)."

내가 일본인인 줄 아는 게다. 일본인들이 유럽에서 구찌와 샤넬만 싹 쓸어가는 건 아니다. 어란과 송로 같은 별미를 갖춘 식료품 가게는 일본인들의 사냥터다.

숭어알은 중국에서도 인기가 상당하다. 우위쯔(烏魚子)라고 부르는데, 이게 독특하다. 한국이나 일본이 날것을 주로 먹는 데 비해 중국은 역시 열로 맛의 변화를 꾀한다. 숯불을 피우고 우위쯔를 슬쩍 굽는다. 매캐한 기름 연기가 퍼진다. 그걸 얇게 저미니 이런 호사가 없다. 마늘을 올려서 먹기도 한다.

보타르가, 어란, 우위쯔, 카라스미…… 뭐라고 부르든

먹을 때 하나의 공식이 있다. 얇게 저미는 것이다. 비싸기 때문만은 아니다. 어란은 보관하고 맛을 들이는 과정에서 염도가 높아지므로 얇게 저며야 맛이 산다. 불에 달군 칼을 쓰는 게 일반적이다. 기름기가 많아 그냥 저미면 날에 심하게 들러붙는다. 어란을 먹은 소설가 성석제는 특유의 시니컬한 유머로 얇게 저민 어란을 희롱한 적이 있다. 어디선가 어란을 사 먹는데, 고급 취미에 종종 따라붙는 천박한 정서를 주방장이 드러냈던 모양이다. 야박하게 얇아서 몇장을 겹쳐도 얼굴이 비칠 지경이었다는 그의 글이 새삼스레 생각난다. 그러나 어쩌랴. 비싼데다가 특유의 기름기 때문에 얇게 저며질 수밖에 없는 어란의 숙명을.

    어란은 전라남도 영암산을 제일로 친다. 영산강 하굿둑 공사로 인근의 물길이 달라져서 숭어의 수급이 바뀌었지만 영산강의 한줄기인 몽탄에서 잡은 숭어는 한 시절을 풍미했던 역사를 가지고 있다. 영암 어란은 아랫배가 묵직한 봄 숭어로 만드는데, 산란철인 봄에 해안으로 붙어 내수면으로 올라온 숭어를 잡아서 쓴다. 썰물에 미리 낚시 준비를 해두었다가 밀물 때 잡는 게 전통적인 방법이다. 영암 어란은 간장을 쓰는 게 독특하다. 크기에 따라 2~3일간 장에 담갔다가 찬물에 헹군 후 그늘에 보름 정도 말리면서 공을 들인다. 다

듬잇돌을 써서 모양을 잡고 참기름을 발라서 반짝거리게 윤을 내는 기술을 쓴다. 20일 정도 공을 들이면 이쪽 말로 '짠닥짠닥'한 어란이 탄생한다.

나는 한동안 이 어란을 만들어 썼다. 재미있게도 이렇게 숭어알이 귀한데도 산란철의 알 밴 숭어는 너무도 값이 눅다. 새벽 노량진 장에서 한마리에 일이천원 하는 알 밴 녀석을 사들여서 살코기는 반찬을 하고 알로는 염장 어란을 만든다. 알은 두자루가 하나의 쌍을 이룬다. 한쪽은 작고 한쪽은 크다. 이것을 소금에 절여서 그늘에 말린다. 간장과 참기름을 바르는 보편적인 한국식과 달리 조금 더 담박한 쪽이다. 염장 어란으로 하는 요리는 매우 다양하지만 우선은 브루스케타 같은 간단한 요리를 한다. 어란 자체가 워낙 맛이 일품이어서 복잡한 요리는 어울리지 않는 까닭이다. 얇게 잘라 구운 빵에 올려서 먹는다. 빵의 구수한 곡물과 어란의 집중된 풍미가 한바탕 회오리친다. 원래 원재료에 특미가 있다면, 요리는 간단할수록 좋다. 그것이 절품(絶品)에 대한 예의다.

나는 어란요리를 이탈리아 시칠리아에서 배웠다. 시칠리아에서는 황새치나 참다랑어의 알로 어란을 만든다. 시칠리아 트라파니에서 만든 천일염에 참치알을 푹 절였다가 그늘에 말려서 요리에 쓴다. 말린 정도에 따라 응용하는 요리가 다르다. 바싹 마른 것은 빵에 올려서 먹고, 덜 마른 건 파스타에 쓴다. '스파게티 콘 우오바 디 톤노'라는 이름을 가진 이 파스타는 절품을 다루는 요리가 그렇듯 공정이 단순하다. 잘게 다진 참치알을 마늘 한쪽을 볶은 향기로운 올리브유에 슬쩍 볶는다. 그러고는 삶은 스파게티를 넣어 버무리는 것이 요리의 전부다. 숙달된 요리사는 버무릴 때 프라이팬을 맵시 있게 흔드는데, 그럴 때면 오일과 참치알이 뻑뻑하게 엉겨붙은 스파게티가 공중으로 날아올랐다가 철퍽 소리를 내면서 프라이팬으로 낙하한다. 이때 풍기는 참치알의 혼곤한 향미에 머리가 어질어질해지고 침이 줄줄 흐른다. 집게로 스파게티를 집어서 접시에 담고 나면 남은 일은 딱 하나다. 잘게 다진 이탈리아 파슬리를 한줌 뿌리기. 그러고는 그걸 먹을 손님들을 부러운 눈길로 바라보면 된다. 보통의 파스타를 요리한 프라이팬은 그대로 개수대로 직행한다. 그러나 참치알이나 송로버섯을 요리한 프라이팬은 그대로 아일랜드 테이블 위에 놓는다. 서열에 따라 어떤 때는 막내에게 남은 흔적을 먹을 기회가 온다. 참깨가 뿌려진 시칠리아 빵을 북 찢어서 프라이팬에 남은 소스를 닦듯이 발라낸다. 아, 그 풍미는 침샘에 대한 고문이다.

어란이라고 하면 숭어가 윗길이나 민어나 다른 생선 알

도 멀리 제쳐둘 것만은 아니다. 특히 여름 한철 민어에서 나온 어란은 숭어알 못지않은 인기가 있었다. 여름 수산시장에 거물 민어가 들어오면 저냐를 부치고 탕을 끓이는 전문 요리사들 눈이 반짝인다. 눈 밝은 요리사들은 그 와중에도 수컷의 이리로는 매운탕을 내고 알로는 어란을 말리거나 간장에 졸여 단골들의 특미로 상에 올린다. 여러 기록에 의하면 과거 인천에는 민어 파시(波市)가 섰다고 한다. 장사꾼들이 민어를 지게에 지고 당시의 반듯한 구시가의 여염까지 다녔다는 걸 보면 그만큼 민어가 흔했다는 뜻이리라. 이젠 그런 여염집들도 허룩해지고, 민어 우는 소리가 들렸다는 서해 여러 명소들 이야기는 그야말로 전설이 되어버렸다.

숭어알이나 민어알, 아쉬울 때는 명란을 넣어 끓이는 추운 겨울날의 자작자작한 찌개도 알이 주는 즐거움이다. 그나저나 그렇게 알을 먹어치우는데도 생선이 잡히는 걸 보면, 바닷속 궁리는 사람의 속으로는 가늠할 수 없나보다. 올봄에도 숭어가 시장에 잔뜩 나올 터이다. 어란을 만들려고 벼르는 요리사들과 그걸 먹어치울 미식가들의 시즌이 저 삭풍 뒤로 오고야 만다.

아귀,
숨어서 먹는 맛

음식은 혀의 기억을 불러오고, 그것은 충동이 되기도 한다. 그렇다고 산지로 길을 재촉하기란 쉬운 일이 아니다. 다행히도 어지간한 음식은 서울에서도 대충 구해 먹을 수 있으니 크게 아쉽지 않게 넘어가곤 한다. 그러나 아귀찜만은 그게 쉽지 않다. 된장의 깊고 넉넉한 맛에 향기로운 고춧가루의 매콤한 맛이 얹힌 쫀득한 살점을 뜯고 뼈를 발라 먹는 재미가 엉덩이를 들썩이게 한다. 진짜 마산식 아귀찜을 먹을 곳이 서울에 있던가. 결국 경상남도 마산으로 가는 수밖에.

언젠가 마산을 들렀더니 지인이 책 한권을 준다. 『여기 마산의 맛과 풍경이 있다』(마산문인협회 2007)라는 단행본이다. 마산문인협회의 여러 문사들이 마산의 아름다움과 맛을 노래한다. 마산에는 9경 5미가 있는데, 이 5미에 아귀찜이 포함된다. 아귀찜을 놓고 무려 열명의 지역 문사들이 시를 짓고 글을 올렸다. 그러니까 마산에선 아귀로 시도 짓는다. 마산에서 아귀찜의 자리가 어디인지 짐작하게 하는 대목이다.

그런데 정작 마산 사람들에게 물으면 아귀찜을 거론하는 이가 그리 많지 않다. 역사가 짧은데다가 요즘은 비싸서 쉬이 먹을 수 없다는 얘기가 돌아온다. 마산에서 탄생한 서민 음식이 이젠 귀족 음식처럼 비싸진 까닭이다. 그래도 나는 마산으로 간다. 아귀를 유달리 좋아하는 나는 올해는 아귀가 좀 잡힐까, 배때기가 허옇고 맛이 각별한 참아귀가 마산 어시장에 좍좍 깔릴 수 있을까, 기대를 해보는 것이다.

아귀를 처음 손질해본 건 이탈리아에서였다. 이탈리아는 아귀를 '개구리 고기'라고 부른다. 그러고 보면 입이 유달리 큰 게 개구리 같다. 아귀는 입이 몸통 전체의 절반을 넘는다. 입 빼면 살점도 얼마 안 된다. 그래서 시장에서 아귀를 고를 때 작은 놈을 골랐다가는 낭패다. 썰어보면 먹을 게 없기 때문이다.

이탈리아에서도 아귀는 귀한 고기다. 특이하게도 등에 있는 두점의 필릿(fillet)을 발라내어 스테이크처럼 굽는다. 기름기가 적고 담백하다. 그런데 이건 아귀의 진짜 맛을 모르는 일이라는 생각이 든다. 갈퀴처럼 생긴 지느러미살이며 연골을 빨아 먹는 맛을 빼면 아귀 맛이 어디 있는가 말이다. 정작 그런 부위는 채소와 함께 푹 끓여서 소스를 낸다. 등의 필릿은 스테이크감이 되고, 맛있고 쫄깃한 잡다한 부위는 그저 소스가 되고 만다. 포크와 나이프를 사용해 썰어 먹는 서양의 방식으로는 그 맛있는 부위를 먹을 수 없으니 고작 등짝에 붙은 부드러운 살점만을 먹는 셈이다. 손으로 들고 뜯거나 적어도 젓가락질을 해야 먹을 게 생기는 고기가 바로 아귀 아닌가.

마산 오동동에 주요 아귀찜 식당들이 몰려 있다. 아쉽게도 이제 그 넓은 어시장 —마산의 어시장은 알아주는 명물이다— 에서 아귀를 별로 볼 수 없다. 서울과 사정이 다르지 않은 것이다. 아귀가 전국적인 인기를 타면서 잡히는 족족 분배하다보니 마산 몫이 어디 남아나겠는가. 마산만 앞바다에도 아귀는 거의 보이지 않는다고 한다. 자루 같은 마산만의 두툼한 바다로 수많은 고깃배들이 드나드는 광경이 보이는데, 아귀를 실은 배는 별로 없다는 얘기다. 그 대신 요새는 부산 가덕도 부근에서 잡혀 온 아귀가 인기다. 등이 까맣고 배가 하얀 아귀다. 같은 아귀라도 맑은 물에서 자란 것이 맛이 좋고, 서해안의 펄 많은 곳에서 잡힌 놈은 별로라고 한다.

아귀는 보기에 흉물스럽다. 이빨이 이중 삼중으로 나

있어서 만약 손을 물리면 그대로 끊어질 것이다. 몸통은 비늘도 없이 미끈한 점액질로 덮여 있다. 아귀를 씻노라면 기분 나쁜 끈끈한 피부가 느껴진다. 날카롭게 휜 요상한 가시는 왜 그리 또 많은지. 아귀라는 이름은 불가에서 왔다. 식욕이 엄청나지만 목구멍이 좁아서 늘 배고픔을 면치 못하는 존재가 바로 아귀다. 살아생전 탐욕을 부리면 죽어서 지옥도 속 아귀가 된다. 아무 죄 없는 아귀에는 미안한 일이지만, 제법 문리가 닿는 명명이다. 왜냐하면 아귀처럼 식욕이 무서운 고기도 없기 때문이다. 아귀는 심해에서 줄곧 입을 벌린 채 닥치는 대로 먹는다. 빨리 헤엄치지 못하는 대신 몸에 촉수가 있어 컴컴한 바다에서 그걸 흔들어 고기를 유혹한다. 심해어 중에 초롱아귀라는 녀석은 아예 촉수가 전등처럼 빛이 난다. 조물주는 신기하게도 다 굴러먹는 재주를 부여했고, 탐욕스러운 아귀는 그 넉넉한 덩치에 걸맞은 사냥 기술을 얻었다.

　아귀는 새우, 오징어, 게 등 맛있는 것을 먹는다. 심지어 자기 새끼까지 통째 삼킨 후 강력한 소화액으로 녹여버린다. 아귀의 배를 가르면 위가 나온다. 그걸 다시 갈라 보면 기가 찬다. 아귀 새끼가 오롯이 들어 있는 경우가 있어서다. 아귀의 위는 도저히 물고기의 밥통이라는 생각이 들지 않는다. 마치 소곱창처럼 단단하고 질깃질깃하다. 그러니 그렇게 강력한 소화력을 자랑하는 것이겠지. 아귀의 위는 쫄깃한 맛이 있어서 간과 함께 별미로 친다. 단골이 아니면 주인이 슬쩍 빼고 줄 수도 있다. 위산에 절여져서 그런지 좀 쓴맛이 난다.

마산의 아귀찜은 묘한 매력이 있다. 낮술 먹는 뱃사람들의 구수한 사투리가 여기가 마산이라는 생생한 감정을 돋운다. 맵디맵게 양념해서 속에 불이 확확 일어난다. 이런 게 진짜 아귀찜의 본때라고 알려주는 듯하다. 국물은 짜고 감칠맛이 나는데, 멸치 육수를 쓰기 때문이라고 한다. 아귀에서 흘러나온 즙도 만만치 않을 것이다. 고춧가루는 확실히 좋은 것을 써야 잡맛이 없다. 정신없이 먹다보면 어느새 접시가 비고, 서운해진다. 마산식 아귀찜 맛의 비결은 콩나물에도 있다. 머리를 다 따낸 놈을 써서 아귀 자체의 맛이 잘 드러나도록 한다. 미더덕이나 오만둥이 같은 건 넣지 않는다. 맛이 섞여서 아귀가 제맛을 못 내는 까닭이다.

무엇보다 내가 원조 아귀찜집에서 기다리는 음식이 있다. 바로 동치미다. 그 동치미를 처음 마셨을 때는 소리를 지를 뻔했다. 너무 좋아서! 요새 어디서 진짜 동치미를 먹을 수 있단 말인가. 서울 답십리의 막국숫집과 대전의 두부 파는 식당인 '진로집'에서 먹어보는 게 고작 아니던가. 1960년대부터 아귀를 만들어 팔아왔다는 이 집의 할매는 표정도 없고 무뚝뚝하다. 가게는 낡았고 마룻바닥은 반들거린다. 가게 한편에 걸린 덕장 사진이 이 가게의 내력을 말해주는 듯하다.

맞다. 마산 아귀는 덕장이 필요하다. 덕장이란 생선을 널어 말리는 건조장을 뜻한다. 마산 아귀찜은 생아귀를 쓰지 않는다. 생아귀는 그저 수육을 만들 때만 쓴다. '삐들삐들'하게 말린 아귀라야 마산 아귀찜의 제맛을 보장한다. 뭐랄까, 야들야들한 콩나물과 짭짤한 조림국물에 뒹군 말린 아귀 토막이 웅숭깊은 마산식 아귀찜 맛을 증언한달까. 어쩌면 이런 아귀찜은 당대를 넘기지 못할지도 모른다. 아귀는 점점 잡히지 않고, 턱 약한 신세대들은 아귀찜을 좀처럼 찾지 않고⋯⋯ 아귀찜의 맛은 나이가 들어서 알 수 있는 맛, 미각의 깊은 골짜기를 깨우는 맛, 흘러간 세월을 그리게 하는 맛이다.

아귀찜은 겨울 음식이다. 마산만의 바람을 맞으며 포구를 한바퀴 돌고 나서 먹는다. 잘하는 집들은 살이 통통하게 오른 겨울 아귀를 한겨울 내내 말려가며 쓰고 저장했다가 일년 동안 풀어낸다.

한때 아귀가 재수 없다하여 어부들이 경원시하고 사료로나 썼다는 일화가 있다. 인천에도 아귀집이 꽤 많은데, 인천 사람들은 아귀를 '물텀벙이'라고 부른다. 잡으면 도로 바다에 놔주는 소리가 '텀벙'했다는 데서 유래한다. 그래도 잡힌 고기인데 그랬을 리 없다. 게다가 맛도 있지 않은가. 아마도 가치 있는 생선이 아니라는 뜻이 와전되어 생긴 말이리라. 인천역 부근 선술집에서는 물텀벙이 요리를 만들어 팔았다. 부둣가에서 일하는 사람들에게 둘도 없는 요깃거리이자 안줏거리가 되었다. 미추홀구 용현동 로터리에 물텀벙이 전문점이 들어서며 이제는 그곳이 아귀찜의 메카가 되었다.

아귀는 살도 살이지만 간이 천하의 일미다. 흔히 일본어로 '안키모'라고 불리며 서양에서도 일종의 고유명사가 됐다. 푸아그라 못지않은 기름지고 고소한 맛이 일품이다. 더러 수입 아귀를 사면 간이 들어 있지 않은 경우가 많다. 손질 상태에서 이미 따로 수집하여 판매되고 있다는 뜻이다. 아귀 간은 청주를 뿌려 찌는 것이 가장 일반적인 요리법. 이탈리아에서는 만두의 일종인 라비올리의 소를 아귀 간으로 채우기도 한다.

마산 말고도 앞서 거론한 인천이나 부산 등이 아귀찜으로 유명하다. 마산 이외의 지역에서는 생아귀를 주로 쓴다. 말린 아귀의 맛을 예찬했으나 우열을 가리기가 무의미하다. 제각기 다른 기호가 있을 뿐이다. 생아귀를 쓰면 장점이 있다. 천하 일미인 아귀 간과 위 같은 내장을 함께 넣어서 요리한다는 점이다. 맛이 더 푸짐해진다. 말린 아귀가 씹으면 씹을수록 맛을 뱉어내는 고집스러운 맛이라면, 생아귀는 곧바로 나아가 정면승부 하는 맛이다.

물속 사정이 어떻게 되었는지 요새 아귀는 남해와 서해 말고도 동해안의 북쪽까지 올라간다. 본디 난온대성 어족인데 아무래도 수온이 올라가서 생기는 일일까. 아귀가 더 흔해졌다고 해도 그다지 반가운 일은 아니다.

쌀쌀한 겨울 끝자락, 허해진 입맛을 돋우는 아귀찜 한 점으로 몸에 열을 내보지 않겠는가. 그 부드럽고 쫄깃한, 이중의 물성을 가진 살점이 입에 감돈다.

우리 어머니는 사남매의 먹성에 늘 골머리를 앓았다. 식비가 생활비의 대부분을 차지하는 후진국형 가계를 운영하느라 어머니는 간이 졸아붙었다. 음식이 내 몸에 들어와 하나의 우주가 되었다는 고즈넉한 한담은 그야말로 개나 물어갈 소리였던 집이다. 우주고 나발이고 위에 뭘 채워 넣기 바빴던 엥겔계수 포화의 생활은 종종 어머니의 푸념을 동반했다. 그때는 어땠어, 어머니에게 물으면 이러셨다.

"자식 넷이 어구같이 입에 밀어 넣는데, 다음 뗏거리가 걱정돼서 밥숟갈이 입에 들어가질 않았어."

'어구'란 어머니 고향에서 아귀를 부르는 말이었다. 나는 그때만 해도 아귀라는 생선이 있는지도 몰랐다. 축생, 아귀, 지옥 같은 불가의 향냄새 나는 언어였을 뿐 바다를 떠올리지 못했다. 아귀가 지옥도의 아귀를 연상시키는 생선으로 존재한다는 건 다 커서 알게 된 사실이다.

한때 군사정권은 치안 유지와 자원 절약이라는 명목으로 심야에는 모든 가게 문을 닫아걸도록 했다. 술집에서 한잔 걸치다가도 자정이 되기 십분 전이면 주인이 계산을 독촉했다. 열한시쯤에 들어서는 손님은 자정 전에 일어설 인간들인지, 아니면 퍼질러 앉아서 주인을 괴롭힐 인간들인지 관상을 봐가며 받았다. 열한시 반이 넘으면 소주 한병을 추가하기 위해 주인에게 애걸을 하던 때였다. 그도 그럴 것이 심야 영업으로 두번쯤 걸리면 가게 간판을 내려야 했기 때문이다. 그 시절, 군사정권은 더럽게 추상같았고, 시민들의 간까지 보호해주는 몫을 떠맡았다. 내 친구는 '우루사 정권'이라고 비꼬았는데, 녀석을 따라나서면 반드시 다음 날 우루사를 먹어야 했다. 그는 입구를 막고 비밀 영업을 하는 집들을 꿰고 있었다. 그중 다수가 부대찌개집이나 감자탕집 아니면 아귀탕집이었다. 그때 아귀는 값도 싸서 술안주 겸 2차의 허한 속을 달래기에 그만인 메뉴였다. 신사역 근처의 그 집은 아귀요리를 잘해서가 아니라 순전히 심야 영업으로 끗발을 날리던 곳이었다. 그 집을 가기 위해서는 즉석 탐문부터 거쳐야 한다. 골목에 들어서서 비밀 접선하듯 우리 일행과 그쪽의 끄나풀이 만난다. 뭐 이런 대화.

"몇이요?"

"셋. 자리 있소?"

(치익, 찌지직. 무전기 가래 끓는 소리)

"손님 세분 갑니다."

망보는 사람이 무전기로 손님이 간다고 알리면 철 대문으로 다른 직원이 마중을 나온다. 정식 문은 닫혀 있고 옆으로 돌아드는 비밀 통로가 있다. 이 집에 처음 가보는 손님들은 이즈음 해서 술이 다 깬다. 탐정놀이 하는 기분인 것이다.

조심스럽고 은밀한 침투와 좌석 점유에 이어 소주병 하나의 목을 따면 이내 정신을 차리는데, 처음 간 녀석들의 정신을 번쩍 들게 하는 건 가격표다. 보통 시중가의 두배를 받는다. 그때만 해도 싸고 푸짐하던 아귀가 그야말로 축생 아귀 귀신처럼 우리 지갑을 물어뜯었다. 그런 불법 영업집 아귀가 무슨 맛이 있을 리도 없다.

아귀 같은 세상, 아귀라도 뜯고 싶은 나날이다.

바다의 소, 대구

글을 읽다가 어떤 음식이 나오면 먹고 싶다,라기보다 연민에 빠지는 경우가 있다. 독일의 소설가 귄터 그라스의 『넙치』(1977)를 보고 광어회가 먹고 싶다는 사람은 별로 없을 것 같다. 프랑스 소설가 에밀 졸라의 『목로주점』(1877)에 나오는 기름기 넘치는 요리도 독자들의 입맛을 돋우기 위함이 아니다. 주인공들의 덧없는 삶을 묘사하는 재료로 쓰일 뿐이다. 다자이 오사무의 『쓰가루』도 그렇다. 『쓰가루』는 그의 대표작 『인간실격』(1948)에 비해 거의 지명도가 없는 소설이지만, 나로서는 깊은 애착이 가는 작품이다.

다자이가 도쿄에서 피폐해진 몸과 마음으로 고통받던 시절, 마침 한 잡지사의 요청으로 고향 쓰가루 기행에 나선다. 유소년기의 기억이 묻어 있는 고향 땅을 차근히 밟아나가며 쓴 이 기록은 소설이자 기행문이다. 오래전 일본 북부 토호쿠 지방의 풍속과 사람들의 행장 묘사가 재미있다. 여관을 전전하며 당시 귀하던 술을 청해 마시는 장면들이 구수하게 펼쳐지기도 한다. 다자이가 왜 그토록 극적인 삶을 살 수밖에 없었는지 여러 단초를 살펴볼 수 있는 작품이다. 다 읽고 나면 한동안 가슴이 먹먹해지고 이내 쓰가루에 가고 싶어진다. 이 소설에 대구가 나온다. 명태 말리듯 대구를 넣어 말리는 장면은 쓰가루 사람들의 겨울 일상식을 알 수 있는 대목이기도 하다. 언젠가 쓰가루에 가서 말린 대구에 얼음장처럼 차가운 청주를 마실 것이다. 다자이를 생각하면서.

요리사를 하기 전, 선배들을 따라 술추렴도 자주 했다. 서울 종로 피맛골의 '열차집'에서 빈대떡 위에 어리굴젓을 올려 막걸리를 넘기고 광장시장에서는 '닭 한마리'를 먹었다. 남은 매운 국물에 칼국수와 함께 고단한 삶도 말았다. 무교동에서는 자학에 가까운 마늘다짐에 낙지를 비비면서 이를 갈았고, 대한극장 너머 생선골목에서는 짜디짠 고등어나 삼치에 소주잔이 엎어졌다. 서울의 남쪽으로 진출한 적도 많아서, '돌아가는 삼각지'를 부른 가수 배호는 죽었지만 삼각지 로터리도 자주 다녔다. 그곳의 명물 '평양집'에서 호텔 레스토랑 빰치는 가격의 양밥과 양깃머리는 맛보지 못해도 안쪽 골목에서 대구탕을 먹는 건 어렵지 않았다. 다른 쪽 테이블 손님과 등판을 맞대고 앉아—그들의 등은 따스했고 슬펐다—대구탕이 바글바글 끓기를 기다리며 아가미젓에 소주병 목을 비틀었다. 아가미를 귀히 먹는 민족은 아마 일본인과 한국인이 유일할 것이다. 대구는 바다의 소다. 버리는 것이 없다. 지금도 명맥을 유지하는 대구탕과 '대구뽈찜'을 먹게 된 건 순전히 서양인들 덕택이다. 대서양에서 잡은 거대한 대구의 살코기는 발라내어 그들이 먹고 대가리는 고양이밥 공장으로 가거나 한국으로 왔다. 대구는 냉수어종으로 대서양 또는 그 위쪽의 더 추운 바다, 아이슬란드와 그린란드 같은 너른 바다에서 헤엄친다.

영국에서 '피시 앤드 칩스'를 맛있게 먹었던 사람들은 오랫동안 그 맛을 잊지 못한다. 무슨 생선인지 모르고 먹었을지라도 깊고 구수한 감칠맛이 입안에 오래 남기 때문이다. 그것은 튀긴 생선의 미덕이기도 하겠지만 무엇보다 대구의 덕이다. 크고 흔해서 제 대우를 못 받는데, 대구처럼 감칠맛으로 가득한 생선도 흔하지 않다. 생태도 좋으나 대구의 아류일 뿐, 대구는 바다의 왕이라 해도 좋겠다.

대서양의 대구가 얼마나 크면 '뽈찜'이 나왔겠는가. 우리나라 대구가 기껏해야 7~8킬로그램 나갈 때 그 동네 대구는 종자부터 다르다. 볼살만 발라내어도 찜을 하나 만들 만큼 크다. 이제 대서양에도 대구가 흔하지는 않아서 '뽈찜' 좋아하는 이들을 슬프게 한다. 저작운동을 하는 모든 근육은 단단하고 쫄깃해서 소나 돼지의 볼살로도 구이나 찜을 맛있게 만들 수 있다. 하나 한국에서 이런 부위를 구하기는 쉽지 않다. 소든 돼지든 머릿고기로 통째 팔려나가기 때문이다. 어느 제주(祭主)가 고사용 돼지로 따귀가 뜯겨나간 것을 쓰겠는가.

우리가 콜럼버스의 아메리카 대륙 '발견'의 역사를 이야기할 때 잊고 있는 것이 있다. 땅의 가치를 먼저 알아채지 못했을 뿐, 바이킹들은 그 앞바다를 자유자재로 휘젓고 다녔다. 그들이 아메리카 대륙까지 갈 수 있었던 데에는 대구의 덕이 컸다고 한다. 말린 대구는 오랫동안 보존이 가능했고 맛도 좋았다. 제 키만 한 대구를 잡아 말려서 배에 싣는 바이킹의 모습이 그려진다. 대구는 싸고 흔했지만, 일찍이 대서양을 둘러싼 나라들에서 그 가치가 남달랐다. 200해리 선포 같은 영해의 개념도 대구 어장을 둘러싼 갈등에서 비롯했다니 말이다. 대구는 온 바다를 휘젓고 다니며 맛있는 먹이를 먹고, 마침내 제 몸을 사람에게 내어준다.

대구는 소금에 몸을 뉘인 채 절여지거나 말라간다. 바이킹처럼, 영국의 선원처럼, 이탈리아 베네치아의 상인들처럼 대구를 애용한 이들은 별로 없었다. 그들은 대구에 소금을 친다. 대구는 살아서는 피부와 아가미로 호흡하고, 죽어서는 그 부위에 소금을 받아 다시 살아난다. 그 죽음의 미라, 결코 영생을 꿈꾸어본 일 없는 슬픈 미라가 우리 입에 들어온다. 대구를 먹는다. 그건 소금처럼 짜디짠 일이다.

유럽에서 대구를 먹는 법은 두가지다. 하나는 소금에 두어 촉촉하게 먹는 법이고, 다른 하나는 아마 바이킹도 이용했을 바짝 건조시키는 방법이다. 이탈리아의 다른 지방은 대개 전자의 방법을 쓰지만 특이하게도 베네치아는 말린 대구를 좋아한다. 먼 조상인 '베니스의 상인'들이 쓰던 방법이 지금도 전해지는 것인가. 중세의 베네치아에서는 창밖으로 대구 불린 물을 하루 한번만 버릴 수 있는 법이 있었다고 한다. 말린 대구를 넣어 불린 물에서 엄청난 악취가 났기 때문이다.

우리나라도 대구 먹는 법이 몇가지 있었다. 시인 김달진의 고향 경남 창원 진해엔 겨울이면 회유하는 대구가 알을 낳으러 진해만으로 온다. 대구는 연어처럼 고향을 기억한다. 진해와 인근의 마산, 거제 등지에서는 약대구라는 보양식을

해 먹었다. 생대구 살에 소금을 뿌리고 두면 얼고 녹기를 반복하면서 포슬포슬한 살이 된다. 마치 덕장의 명태처럼 살에 '물리적 맛'이 숨어든다. 아아, 이 동네 사람들이 예로부터 먹었다는, 대구의 내장과 알과 살을 넣은 대구김치는 또 어떤 맛일런가.

대서양의 대구는 이베리아반도 사람들에게도 소중한 음식이었다. 포르투갈의 '바칼랴우'는 말리거나 절인 대구, 또는 그것으로 만든 요리의 이름이다. 나는 마카오의 어느 장교 클럽에서 바칼랴우를 먹었다. 식민지풍 흰색 벽과 너른 발코니를 가진 장교 클럽은 일반인을 받지 않는, 제국의 기운으로 오만한 곳이었다. 식민지 시절 포르투갈 요리사로부터 면면히 이어져온 레시피대로 마카오 사람인 요리사가 바칼랴우를 만들었다. 우유에 풀어서 곱게 만든 바칼랴우가 포슬포슬하게 일어나 입안에서 풍만한 맛을 뿜어냈다. 올리브와 바칼랴우, 지중해의 숨겨진 명물이다. 짠맛과 부드러운 우유 맛이 올리브유의 향취에 서로 몸을 담갔다가 혀에서 일어섰다. 어둑어둑한 클럽의 식탁에서 저녁 태양이 이우는 정문을 문득 보았다. 저벅거리는 제국의 군화 소리가 들리는 것 같았다.

아이슬란드 홍어,
그들은 차별하지 않는다

"설마요, 그럴 리가요."

광주의 한 방송국 피디에게 내가 처음 건넨 말이었다. 그는 유럽 어느 나라에서 홍어를 삭혀 먹는다며 취재를 가자고 제안했다. 홍어를 삭힌다고? 농담이 지나치시네요. 여행사 직원에게 들은 얘기가 있었다. 그가 한 단체를 인솔하여 유럽 어느 공항에 도착했을 때, 세관에서 크게 홍역을 치렀다고 했다. 짐에 홍어가 있었다. 마약견이 출동하고 난리가 났다고.

유럽에서도 홍어를 먹는다. 이십여년 전 직접 보았다. 그러나 '삭힌' 홍어는 아니다. 날개만 버터에 구워 요리할 뿐이다. 생홍어와 삭힌 홍어는 차원이 다르다. 홍어는 삭힘으로써 전혀 다른 생선이 된다. 어떤 나라에서는 엄청난 마니아를 거느린 고급 음식이 되고, 그밖의 나라에서는 상상 밖의 음식이다. '어떤 나라'는 한국뿐이었다. 아이슬란드에서 현장을 목도하기 전까지.

엄밀히 말하자면 홍어를 삭혀 먹는 나라는 또 있다. 노르웨이 일부 지역에서 옛 관습에 따라 그렇게 먹는다고 한다. 반면 아이슬란드는 전국적으로 삭힌 홍어를 먹는다. 단, 크리스마스이브 전인 12월 23일 저녁 딱 하루. 한국처럼 평소에 먹지는 않지만 그 대신 구워 먹는 풍습은 있다. 수도 레이캬비크 시내 한복판의 유명 식당인 '스리르 프락가르'에서 구운 홍어를 판다. 셰프 스테판이 시범을 보여주었다. 껍질을 벗긴 후 버터를 넉넉히 두르고 천천히 굽는다. 마치 샥스핀 같은 홍어의 연골이 부드러워져서 오독오독 씹힌다. 멋진 요리다. 이 집은 고래고기 전문점이기도 하다. 일본 관광객의 단골 가게다. 나도 맛을 봤다. 소고기 육회 같은 붉은 살이 날것으로 나왔다. 기름진 소고기 맛이 느껴졌다.

스테판이 특별히 크리스마스를 위한 홍어를 요리했다. 주방에 들어서자 익숙한 냄새가 가득했다. 두툼한 홍어살이 산처럼 쌓여 있었는데, 푹 삭았는지 냄새가 강렬했다. 사주 이상 숙성한 놈이란다. 그들은 이것을 구워서 먹는다. 물론 나는 준비해 간 초장을 곁들여 날로 먹었다. 섬유질이 국수

발처럼 가늘게 찢어진다. 그놈을 뼈째 수직으로 썰어서 씹었다. 음. 입에서 신음이 터져 나왔다. 동행한 박준우 셰프는 홍어가 처음이란다. 그는 '맛있다고는 못하겠다'며 묘한 표정으로 우물거렸다. 삭힌 홍어를 처음부터 맛있다고 하기는 어렵지, 그렇게 생각했다.

남부의 항구마을 소르라욱스헙으로 차를 몰았다. 홍어 산지다. 두툼한 작업복을 입은 어부 토르비씨가 마침 홍어를 잔뜩 구해놨다. 8킬로그램이 넘는 엄청난 크기로 한국 같으면 최상품이다. 물가가 비싼 나라인데도 한국 홍어 가격의 30퍼센트 정도밖에 안 한다. 암수의 가격 차이는 없다. 이 와중에도 '암컷을 수입해 가면 한국에서 좋아하겠는걸' 하는 생각이 든다. 한국에서 홍어 암컷은 수컷보다 훨씬 비싸기 때문이다. 더구나 아이슬란드에서는 날개만 잘라서 먹고 다른 부위는 버린다. 홍어 애, 코, 등뼈 같은 맛있는 부위가 사라져버린다. 아깝다. 문화 차이다. 역시 홍어를 제대로 알뜰하게 먹는 나라는 한국뿐인 듯하다. 날홍어회도 먹어보았지만 감칠맛이 흑산도 치에는 못 미친다. 종은 같은 참홍어인데, 먹이 활동 등으로 조금은 다른 맛을 낸다.

아이슬란드는 홍어 말고 다른 것도 삭혀 먹는다. '하우카르틀'이라고 부르는, 익히지 않은 날것의 상어다. 시내 술집에서 안주로 팔고 동네 마트에서도 주사위 모양으로 썰어서 판다. 상어는 홍어처럼 개체 안에서 스스로 발효하는 성분이 있다. 일본 동북부 게센누마항은 상어잡이 전문 어항이다. 매일 수백마리의 상어가 태평양에서 잡혀 온다. 그들은 상어를 어묵으로 가공한다. 잡자마자 찬물에서 오랫동안 암모니아를 씻어내는데, 그러지 않으면 삭힌 냄새가 나서 못 쓰기 때문이다. 상어 특유의 삭힌 맛을 즐기는 건 우리 경상도 지역이다. 상어고기를 '돔배기'라고 부르는 포항, 안동 등이다. 아이슬란드인은 우리처럼 하우카르틀을 먹는다. 18개월에서 4년까지 장기 숙성한다. 한국보다 윗길이다. 흥미롭게도 아이슬란드인은 우리 전라도와 경상도의 대표적인 삭힌 생선을 두루 먹는다. 이곳의 음식 문화는 소박하고 자연적이다. 그런 나라에서 고도의 요리 기술이라고 할 수 있는 삭힘을 즐긴다는 건 묘한 발견이었다. 그렇지만 삭힘의 대마왕(?)인 홍어는 일년에 단 하루만 먹고, 하우카르틀만을 일상적으로 즐긴다.

    아이슬란드는 대구로도 널리 알려진 나라다. 이 나라의 산업 기반은 오랫동안 대구를 잡아 가공해서 파는 일이었다. 대구는 아이슬란드 요리의 핵심이다. 흥미롭게도 대구머리찜을 먹었다. 한국의 뽈찜이다. 대구 머리가 오븐에 갈색으로 구워져 식탁에 통째로 올라왔다. 촉촉한 볼살 맛이 좋았다.

그러나 아이슬란드인들도 점차 다른 유럽 음식 문화를 받아들이는 중이다. 하우카르틀이나 홍어를 안 먹는 사람도 늘었다. 슈퍼에는 스파게티와 소스, 라비올리가 있고 다채로운 샐러드 드레싱도 잘 팔린다. 수입한 채소가 많지만 국산도 있다. 풍부한 지열과 전기를 이용한 첨단 비닐하우스에서 상추와 토마토를 재배한다. 아이슬란드는 바이킹이 건설한 나라라고 한다. 바이킹이라고 해서 모두 도끼를 휘두르는 침략자라고 생각해선 곤란하다. 그들은 고대부터 이 땅에서 농사를 지어왔다.

예전 어느 방송 프로그램에서 아이슬란드인에게 "음식으로 사람을 차별할 수 있는가" 하는 물음을 던졌다. 홍어를 지역 차별의 끔찍한 대명사로 쓰는 한국 현실에 대한 다른 시선을 얻고자 했던 것 같다. 그들은 아주 뛰어난 통역이 있는데도 질문의 요지를 잘 이해하지 못했다. 왜 음식으로 사람을 차별하고 구분하죠? 그게 뭐예요? 당연한 대답이었다. 오히려 그 반문이 좋은 답이 되었다. 물론 내 가슴 한편은 더 무거워졌지만. 우리 포털의 댓글창에서는 여전히 몰이해와 차별의 언어로 홍어라는 낱말이 돌아다닌다. 한번도 그 음식을 먹어보지 않은 자들의 언어로.

낯선 음식의 맛은 시간이 지나며 혀와 뇌를 통해서 느리게 복기된다. 상어를 삭힌 하우카르틀, 셰프 스테판의 주방에서 가격 걱정 없이 마구 잘라 먹었던 삭힌 홍어의 날개 맛이 떠오른다. 아이구, 그렇게 싼 걸 잔뜩 더 먹고 올걸. 그런 생각뿐이다. 초장 맛도 좋지만 마늘과 참기름을 넣은 막장도 잘 어울리는데.

먹는 건 사람의 기억을 구성한다. 나아가 그 사람의 인생도 만들어간다. 부디 홍어 한점으로 우리가 더 너그러운 사람이 되기를.

필살의 재료, 장인의 맛기

3부

비장의 닭꼬치

오랜만에 A가 전화를 걸어왔다. '비장의 닭꼬치'를 사주겠다는 전갈이었다. 전 세계를 떠도는 자칭 '스페이스 마도로스'의 뜬금없는 연락이었다. 요즘같이 사람들의 관계망이 촘촘한 세상에 그는 드물게도 그물 밖에 존재했다. 막 일본에서 돌아왔노라고 했다. 언젠가 궁핍한 요리사 시절 그의 일본 집에 들른 적이 있다. 그도 역시 곤궁의 세월을 보내고 있던 때라 서로의 몰골이 볼만했다. 그는 화과자점에서 일한다고 했다. 주인의 사랑을 듬뿍 받는다며 자랑이 대단했는데 그건 순전히 그의 오줌보 크기 때문이었다. 네시간이나 되는 작업 시간 동안 한번도 화장실에 다녀오지 않는다고 했다. 화과자는 쉼 없이 돌아가는 컨베이어에서 생산되는데 누군가 자리를 비우면 공정을 멈춰야 한다. 그래서 오줌보가 돼지처럼 큰 직원이 필요하다.

"일본말은 하나도 늘지 않았어. 내 왼쪽엔 중국인, 오른쪽엔 이란 사람이 일하거든."

여인숙비가 아쉬웠던 나는 그의 집에서 하루 묵었다. 육군 중사 출신의 사감이 지키는 한국인 기숙사였다. 값이 싸서 가난한 유학생들이 몰려드는 도쿄 변두리의 양계장 같은 건물이었다. 그의 방에 들어서서 나는 찔끔, 눈물을 흘려야 했다. 펼친 신문지 두장만 한 방에는 접이식 책상 하나와 비키니 옷장이 유일한 가구였다.

"잠만 자는데 어때."

그는 대수롭지 않게 얘기했지만, 나는 그날 밤 잠을 이룰 수 없었다. 말하자면 감옥의 독방에 둘이 누운 격이었다. 도저히 어깨를 맞대고 누울 수 없어 서로의 발을 껴안고 거꾸로 누워 몸을 구겨 넣었지만 역부족이었다. 나는 자리에서 일어나 무릎에 고개를 파묻고 선잠을 잤다. 다음 날 공항으로 가는 열차 안에서 그 역시 피곤해 보였다. 그가 어느 환승역에선가 내리며 뭔가를 던졌다. 꼬깃꼬깃한 오천엔짜리 지폐였다. 화과자 라인에서 로봇처럼 일하며 모은 돈의 일부였을 것이다. 그래, 이제 녀석에게 닭이든 뭐든 한번 대접해야 했다.

"그래, 비장(祕藏)의 닭꼬치가 뭔데?"

나는 그가 뭔가 숨겨놓은 닭요리 기술을 선보이는 줄 알았다.

"그게 아니고, '비장'이라는 특별한 숯이란다. 홍대 앞에 그 숯으로 하는 닭집이 있어서."

지하의 어두컴컴한 닭꼬치집은 일본풍으로 꾸며져 있었다. 그렇고 그런 이자카야거나 이른바 '야키토리(燒鳥)'집이 아니겠나 싶었는데, 자리에 앉아서 요리사가 닭을 굽는 광경을 보니 이게 보통 정성이 아니었다. 자그마한 화로 하나에, 딱 거기 구울 만큼의 닭을 올리고 부채질로 성심껏 익혔다.

"저 화로에 비장탄이 들어 있다지 아마."

메뉴판을 보니 비장탄에 대한 설명이 있었다.

"졸가시나무로 만든 숯. 비장탄(備長炭)이란 일본의 숯 도가인 '비중옥장좌위문(備中屋長左衛門)'에서 유래했다. 톱으로 잘리지 않을 만큼 단단하고 완전연소에 가깝게 잘 타며 오랫동안 화력을 유지한다. 최고급 숯불요리에 쓰는 희소 숯이다."

도쿄의 닭구이집에서 더러 숯에 부채질을 해가며 닭을 익히는 광경을 보긴 했지만 서울에서 그걸 다시 볼 줄이야.

테이블 위로 새로운 닭 부위가 쉼 없이 올라왔다. 과연 경박단소(輕薄短小), 무서운 디테일의 일본식 요리였다. 손가락만 한 닭안심을 미디엄레어로 익혀 겨자 양념에 묻히는가 하면 부산물을 난도질해서 만든 미트볼구이와 모래집구이가 은은한 숯불 향을 풍기며 부드럽게 씹혔다.

재단된 닭의 거의 모든 부위를 맛보았을 무렵, A가 요리 하나를 더 시켰다.

"이건 문자 그대로 비장의 요리일세."

기름이 줄줄 흐르고 지방이 뭉친 듯한 노란색 덩어리 몇점이 접시에 올라왔다. 닭기름 그을린 향이 코밑을 적셨다.

"좋은 닭이 아니면 먹을 수 없는 부위지. '히푸'라고 하네. 일본 사람들의 작명법이 참 대단하지? 흥."

닭 엉덩이에 뭉친 단단한 기름 부위, 잘못 요리하면 누린내 때문에 절대 먹을 수 없는 지방 덩어리를 구워낸 것이었다. 기름기 많은 고기를 굽는 건 쉬운 일이 아니다. 기름이 불에 떨어져 휘발성의 검은 그을음을 만들어내고 그것이 다시 고기에 훈연되어 고기 맛이 씁쓸해지고 못 먹게 되기도 한다. 야외 바비큐를 할 때 삼겹살을 잘못 구우면 낭패를 보는 것도 그런 까닭이다. 불땀이 겉으로 활활 일어나는 연료로는 절대 고기를 잘 구울 수 없다. 열을 속으로 감추고 은근히 뿜어내는 복사열로 구워야 맞춤하게 익는다.

　우리는 입가에 번들번들 기름기를 묻혀가며 닭을 먹었다. A는 버릇처럼 화장실을 잘 다녀오지 않았다. 그는 그날 생맥주를 마셨던가. 나는 돼지 오줌보처럼 방광이 부풀면 어떻게 참을 수 있을까, 곰곰이 생각했다.

　인류가 언제부터 닭을 길렀는지는 모르겠지만, 닭 없는 인류는 아마도 건조해서 푸석푸석했으리라. 흔히 소는 버리는 게 하나도 없는 고마운 가축이라고들 하는데, 닭도 그에 못지않다. 깃털은 침낭과 겨울 외투에 내주고, 고기와 뼈는 물론이고 달걀 껍데기까지 비료로 쓰인다. 닭은 우리 곁에서 가장 많이 길러지고 먹히는 가축이다. 껍질조차 맛있는 음식이어서, 기술 좋은 요리사들은 닭껍질을 바삭하게 만들기 위해 기를 쓴다. 북경오리를 굽는 기술 중에 입으로 불어 껍질을 근육에서 분리하는 방법이 있는데, 닭도 다르지 않다. 모가지의 피부를 벌려 입을 넣은 후 힘껏 불어서 껍질을 분리한다. 그러고는 버터를 넣어 껍질이 몸에서 떨어지지 않아도 바삭하게 구워지도록 한다. 폐활량으로 만드는 요리도 있는 셈이다.

　닭집 앞에 점집이 유행이라는 우스갯소리가 있다. 프라

이드냐 양념이냐 결정하지 못하는 사람들을 위해 조언을 해준다는 것이다. '반반'이라는 메뉴도 그래서 나왔으리라. 결정에 어려움을 겪는 이들을 위한 편리한 메뉴다.

닭발에 매운 양념을 먹여 연탄불에 굽던 기억은 중년 이상이라면 다들 가지고 있지 않을까? 찬바람이 옷깃 속으로 파고들던 겨울의 쓸쓸한 귀갓길에 포장마차가 없었다면 우리 아버지들은 추억거리조차 없었을 것 같다. 닭발은 가장 싼 안줏거리였고, 오래도록 오도독오도독 씹으면 소주의 쓴맛을 덜어주었다. 닭발을 바라보면 살짝 경이로워지기까지 한다. 파충류를 닮은 저 발, 사람의 손을 닮은 저 발을 사랑하는 이가 많은 까닭이다.

나는 남도 여행 중에 먹었던 닭발을 잊지 못한다. 아마 해남 어느 언저리였을 것이다. 닭발을 뼈가 연해지도록 칼등으로 두드려—그쪽 말로는 '쪼사서'—잘근거리게 만든 후 참기름소금을 뿌려 냈다. 아, 물론 날것이었다. 연골과 젤라틴이 풍부한 닭발의 껍질이 혀에 마구 뒤엉켜 씹을수록 진한 맛을 냈다. 흔히 닭회는 가슴살로 맛보는데, 닭발이 윗길 같았다. 연한 가슴살은 입에서 녹았고, 발은 씹히면서 맛을 냈다. 그 닭발은 마치 쇳물 속으로 사라지던 터미네이터의 마지막 팔뚝처럼 명료한 이미지로 내 혀와 눈에 남아 있다. 아닌

게 아니라 많은 이들이 닭발이 사람 손을 닮았다며 젓가락을 대지 못한다. 그렇지만 그들이 맛있게 먹은 야채수프 한그릇이나 감칠맛 돌던 닭고기구이의 소스에 닭발이 쓰일 수도 있다는 건 아시려나. 언제부터인가 불닭발이 유행하면서 시중에서 닭발 구하기가 어렵다.

이탈리아에서도 닭발은 시중에서 쉽게 볼 수 없다. 이탈리아 특유의 거래 관습 때문이다. 우리처럼 닭발을 잘라 위생닭으로 유통하는 게 아니라 머리와 발까지 붙은 채로 판매하므로 발만 따로 시중에 나오는 법이 드물다. 먹을 게 귀하던 시절에는 우리도 닭 볏을 음식 재료로 썼다고 한다. 물론 지금은 시중에서 볼 수 없다. 그런데 이탈리아에서 닭 볏을 만날 줄이야. 이탈리아 북서부, 알프스 밑에 위치한 피에몬테주는 식도락의 천국이다. 치즈와 고기가 넉넉하고 쌀과 임산물도 많다. 나는 거기서 요리를 배웠다. 연한 수탉의 볏을 튀겨 내는 요리를 맛볼 수 있는 지역도 아마 피에몬테가 유일할 것이다. 닭 볏을 잘라낸 후 화이트와인과 월계수잎, 마늘을 넣은 물에 살짝 삶는다. 부드러워진 닭 볏에 빵가루를 묻혀 튀긴다. 고소하고 은근한 뒷맛이 있다. 뭐랄까, 한여름 함께 뛰어놀던 동무들의 이마에서 나는 살냄새 같은 것이 풍긴다. 드라이한 화이트와인에 그것을 곁들여 먹는다. 아니면 식초와 채소를 넣고 볏을 삶기도 한다. 사실 전통요리이니까 사람들이 먹을 뿐, 그 자체로는 아무런 맛이 없다. 그렇게 해서라도 영양분을 얻어야 했던 시절의 요리일 것이다. 살살 녹는 기름과 살점의 시대에 닭 볏으로 만든 요리는 더이상 고고하지 않을지도 모른다.

비계는 억울하다

　내가 아는 어느 중국요리 고수는 그다지 신나게 짜장면을 만들지 않는다. 진짜가 아니라는 이유에서다. 집에서 담그던, 콩과 밀가루를 넣어 발효시켜 갈색을 띠는 중국 춘장이 없다는 것이 첫번째 이유다. 공장에서 캐러멜을 넣어 만든 새카만 짜장이 전 국민의 입맛을 사로잡은 지 오래다. 두번째 이유는 비계이다. 돼지비계를 쓰지 않고 식용유로 만드는 짜장은 제맛이 안 난다고 그는 투덜거린다. 언제부터인가 짜장을 식물성기름으로 볶는다. 아마도 공업용 우지 파동 이후 사람들의 불신이 퍼진 까닭일 것이다. 중국음식은 누가 뭐래도 돼지기름이 맛을 낸다. 몸에 나쁘다고? 살이 찔 거라고? 천만에. 이 문제에 대해 여기에서 다 말할 수는 없지만, 비계 혐오는 비과학적인 논리에서 출발한다. 옛날 짜장면은 시켜서 오래 두면 하얗게 기름이 올라왔다. 식으니 굳는 것이다. 그게 우리 혈관에서도 굳으리라고 다들 걱정 아닌 걱정을 했다. 동물성지방을 많이 먹으면 몸에 안 좋은 건 사실이다. 그렇다면 우리가 그토록 편애해 마지않는 삼겹살은 뭔가? 맛있는 김치찌개도 다분히 돼지기름에 기대는 맛이다. 기름이 녹아서 짙고 진한 국물을 내는 김치찌개는 김치와 비계가 이루는 최상의 조합이다. 지구상의 맛있는 음식 대부분은 동물성 기름이 맛을 낸다. 이건 우리가 정한 게 아니라 신의 작용이다. 우주의 섭리다. 남의 살을 욕망하는 우리의 입, 그건 사실 살뿐만 아니라 기름에 대한 욕망이다. 비계!

어렸을 때 나는 종종 정육점으로 심부름을 갔다. 고기를 거의 먹을 수 없던 날들, 그나마 비계가 살 만한 품목이었다.

"오십원어치요!"

제법 두툼한 비계가 신문지에 둘둘 말려 내 손에 들렸다. 신문지를 통해 느껴지는 비계의 질감은 뭐랄까, 풍만하고 이질적이었다. 신문지 사이로 비계가 살살 녹아 손에 묻을 때면 약간 구역질이 났다. 그 미끌거리는 촉감에 진저리를 쳤다. 어머니는 비계를 툭툭 잘라 낡은 팬에 넣고 기름을 치익칙 올렸다. 그리고 설탕을 넣은 호떡을 부쳤다. 비계는 우리의 간식을 만들어주었다. 부침개도 하고, 반찬도 볶았다.

시골 돼지의 맛도 비계의 맛이었다. 어쩌다 시골서 잡은 돼지고기 토막을 아버지가 신문지나 시멘트 포대에 말아 가지고 왔다. 포장지가 흔치 않던 시절이었다. 간혹 돼지의 살점에 '물가인상 비상' 같은 신문 잉크 글자가 흐리게 묻어나기도 했다. 잉크 냄새가 나는 애매한 붉은 살코기 주위로 손질하지 않은 비계가 붙어 있었다. 어머니는 된장을 넣고 그 고기를 삶았다. 그걸 묵은 김치에 싸 먹었다. 비계가 그토록 고소한 줄 몰랐다. 씹으면 혀를 한번 팅겨내고 이내 기름진 맛을 녹진하게 보여주었다. 그 맛이 느끼해질 무렵이 젓가락을 놓을 타이밍이다. 그때는 비린 맛을 덜어주는 묵은 김치도, 된장과 마늘도 소용없다.

내 친구 K는 비계를 먹을 줄 아는 친구다. 삼겹살을 먹을 때도 그는 상추 한장에 삼겹살을 다섯장쯤 올린다. 먹다가 목이 콱 막히게 제대로 욱여넣어야 고기 맛이 난다고 한다. 너무 많은 고기를 입에 넣다보니 의도치 않게 어린애처럼 지저분한 꼴을 보이게 된다. 된장을 머금은 기름기가 입가로 줄줄 흐르는 것이다. 그는 그걸 지적하는 친구에게 딱 한마디로 대꾸한다.

"비계도 먹을 줄 모르는 녀석들이……"

그렇게 말하면 그는 그 순간 비계의 왕자가 되었다. 비계라면 모름지기 입가로 기름기를 흘리면서, 불판 밑의 구멍이 기름을 받아내듯이 그렇게 먹어야 하는 건가 싶었다. 한발 더 나아가 비계의 왕이 되려면 딱 한가지 방법이 있었다. 그 방법이란 비계 녹은 기름 받아낸 종지, 간혹 김칫국물도 섞여 있는 그 종지에 든 기름으로 밥을 볶는 일이다. 공깃밥을 하나 시키고 그 기름을 부어 볶는다. 희한하게도 맛이 좋다고 다들 숟가락을 넣는다. 기름은 보이지 않는다. 오직 맛있는 볶음밥이 있을 뿐이다.

비계는 본의 아니게 사람들에게 지탄받는다. 비곗덩어리라는 말은 내가 어린 시절 사 들고 오던 그 가치 있던 비계를 지칭하는 게 아니다. 프랑스 소설가 모파상이 일찍이 끌어다 썼듯이 비계는 비이성적 욕망의 상징이다. 비계는 억울하다. 고기도 되지 못하고 정치적으로도 비난받는다. 월가를 점령한 시위대나 바스티유를 습격하던 혁명가들이 비슷한 심정이지 않았을까. 비계여, 나를 쥐어짜서 만든 기름을 토해내라. 동탁이 처형되고 사흘 낮밤을 불탔다는 나관중의 묘사는 그러니까, 비계에 대한 민중의 혐오를 드러낸다고 할 수 있다. 비계는 그렇게 오랫동안 배척과 격하의 세월을 살았다. 불쌍하다, 비계.

다시 비계를 먹는다. 간혹 정말 비린 비계가 있다. 정육업자는 말한다. 그거, 짬밥 먹고 자란 돼지요. 사료 먹인 녀석들은 기름이 고소하지. 군 복무 시절, 전두환은 우리 부대를 불러낼 생각을 했다. 6월항쟁 무렵이었다. 동국대 본관의 옥상을 점령하고 기관총좌를 설치하는 것이 내 임무였다. 매일 먼지 자욱한 연병장에서 웃통을 벗고 시위 진압 훈련을 했다. 동기들의 눈이 시뻘게졌다. 나가면 다 죽여버릴 거야. 그때 하사품으로 돼지가 왔다. 시골 출신 사병들이 몽둥이와 칼로 돼지 멱을 땄다. 진짜 돼지 멱따는 소리가 났다. 코와 입 안에 연병장의 매캐한 먼지가 가득하던 그날 저녁, 인사계가 말했다. 돼지비계를 먹어야 먼지가 씻겨 내려간다. 푸른색의 낡은 식판에 돼지비계가 가득 담겼다. 여름 초입이라 비계가 녹아서 식판에 번질거렸다. 구역질을 하며 못 먹는 이들도 있었지만, 나는 먹었다. 우리 짬밥을 먹고 자란 돼지였다. 비계에서 정어리와 청어, 대구 냄새가 났으리라. 비린 건 비계의 죄가 아니었다. 세상이 미쳐서 나는 비린내였다. 구린내였다.

이탈리아에서 비계는 미식의 상징이다. 토스카나주나 에밀리아로마냐주에선 비계를 녹여 빵에 발라 먹을 줄 모르면 어른 행세를 못한다. '라르도'(lardo)나 '쿤차'(cunza)라고 부르는 이 비계요리는 빵에 바르기 좋다. 버터보다 더 비싼 미식이다. 마늘과 로즈메리, 타임 같은 허브를 배합해서 맛을 낸다. 따뜻한 빵에 고형의 쿤차를 바르면 비계가 천천히 녹아 환상적인 맛을 낸다. 이탈리아에서 비계는 모든 세대의 사랑을 받는다. 게르만족과 무어족, 셈족, 에트루리아족…… 생김새도 인종도 다양한 이탈리아를 비계가 통일한다. 비계 없는 이탈리아는 없다. '만두당'도 만든 그들이 '비계당'을 만들지 말라는 법이 없다. 비바 라르도!

이탈리아의 비계는 전승되는 미식, 전통음식의 한 뼈대다. 지역 음식에는 반드시 비계가 들어간다. 그걸 소금에 절여서 맛을 내는 건 우리네 장 담그는 기술과 같은 대접을 받는다.

이탈리아에 가고 싶어질 때면 나는 그것이 비계에 대한 열망임을 깨닫는다. 뉴욕의 전설적인 요리사 마리오 바탈리가 토스카나의 정육업자 다리오 체키니의 정육점에서 라르도 한점을 미친 듯이 입에 욱여넣을 때처럼, 입가에 기름을 줄줄 흘리면서.

통각과 미각의
은밀한 내통

내 최초의 요리는 마늘 까기가 아니었을까 싶다. 통마늘을 물에 넣고 조각으로 나눈 후 무딘 과도로 하나씩 껍질을 벗겨내면서 요리에 참여했다. 마늘 속껍질이 애를 먹여서 손톱으로 벗기다보면 다음 날까지도 손톱 밑에 알싸한 마늘 향이 남았다. 요즘은 블렌더로 손쉽게 갈아버리지만, 옛날에는 김장이라도 할라치면 마늘을 절구에 넣고 빻아야 했다. 매운 기운에 눈물을 찔끔거리며 하늘을 올려다보면 청량한 초겨울 하늘이 스크린처럼 걸려 있던 마당의 기억들.

이탈리아에서 요리학교를 다닐 때 선생님의 시연 시간은 자못 기대되는 순간이었는데, 학구열이랑 담을 쌓은 내가 개과천선해서는 아니었다. 오직 요리에 넣는 마늘을 챙겨 먹을 속셈이었으니, 무슨 소리냐면 이탈리아 요리에 마늘을 쓰는 법이 생각과 달라서 생기는 일이었다. 우리는 파스타를 만들 때 마늘을 저미거나 으깨어 그대로 접시에 담는다. 그러나 이탈리아에선 향만 우려낸 후 여지없이 쓰레기통에 처박아버리던 것이었다. 올리브유에 고소하게 지진 향기로운 마늘! 그것이 마늘에 굶주린 나의 허기를 채워주었다. 아니, 어떤 인간이 이탈리아는 마늘 많이 쓴다고 뻥을 친 거야, 뭐 이러면서 말이다. 다시 말하지만, 이탈리아는 마늘을 요리에 많이 쓰기는 하지만 향이 슬쩍 날까 말까 할 정도로만 쓴다. 내가 일하던 이탈리아 식당에서도 마늘 한상자를 사면 한달이나 두달을 좋이 버티곤 했다.

    토스카나에 가면 간혹 마늘절임을 볼 수 있다. 그렇지만 식초와 소금물에 오래 담가 매운맛이 거의 완벽하게 빠지고 마늘의 향만 남아 있다. 그것 말고 마늘요리라고 부를 무엇은 참 드물다. 마늘은 요리의 맛을 돋워주고 나쁜 냄새를 제거하는 데 도움이 되지만, 그 자체로는 주재료의 맛을 반감시킨다고 믿는 듯하다. 마늘 신봉자인 한국인이 보기에는 쓰는 둥 마는 둥 하는 모양새다. 국내 몇몇 이탈리아식 식당의 마늘 잔뜩 들어간 요리를 떠올리며 현지에서 비슷한 걸 찾으신다면 장담컨대 절대 불가능하다고 말씀드리련다. 생마늘을 달라고 해서 챙겨 간 고추장에 찍어 먹는다면 그들은 왕방울만 하게 눈을 뜨고 '몬도가네', 즉 괴식의 현장을 본다는 표정을 지을 게 틀림없다. 그건 '사람'이 할 일이 아니라고 생각하는 까닭이다.

서양에서 요리에 마늘을 꽤 쓰는 나라는 오히려 스페인이다. 특히나 생마늘은 이탈리아에선 먹지 않는다고 해도 과언은 아닌데 ─ 혹시 어느 마늘광이 토마토소스에 생마늘을 찍어 하루에 열통씩 우적우적 먹을지도 모르긴 하지만 ─ 스페인에선 마늘을 으깨어 빵에 바르는 식으로 즐긴다. '판 콘 토마테'라는 요리는 태우듯 잘 구운 빵에 마늘을 으깨 바르고 역시 잘 익은 생토마토를 쳐바르는 방법으로 맛을 낸다. 생각만 해도 군침이 도는데…… 이탈리아에선 이런 식으로 생마늘 자학극을 벌이지는 않는다.

요새 마늘은 내가 어려서 깠던 것처럼 힘들여 물에 담가 불리고 손톱을 쓸 필요가 없다. 깨끗하게 벗겨져 비닐 포장된 상태로 팔리기 때문이다. 다지는 수고도 귀찮으니 아예 다진 마늘도 나온다. 언제부터인가 깐 마늘의 덩치가 유별나게 통통하고 커진 것도 큰 변화다. 버선코처럼 날렵하고 초승달처럼 예쁜 육쪽마늘이 아닌 것이다. 마늘 서너쪽으로 4인 가족 된장찌개와 겉절이를 하고도 남을 만큼 크다. 알싸하고 매우면서 톡 쏘는 향 대신 마치 양파 향을 넣은 감자를 씹는 듯하다. 작고 예쁜 마늘이 어떤 종자인가 싶어 채소상에게 물어본 적이 있다. 그의 대답은 "그냥 대중소예요. 크기로 분류할 뿐이죠"였다.

마늘은 굳이 설명하지 않아도 우리 민족의 어떤 영적 기운에 기여하는 향신료라고들 믿는다. 고추장과 마늘 먹고 금메달 땄다, 뭐 이런 제목의 기사도 심심찮게 나온다. 마늘 환이며 마늘 '엑기스'와 마늘 농축액이 건강식품 목록에서 절대 빠지지 않는다.

오스트리아에 취재 갔을 때의 일이다. 당시 린츠라는 도시에 한국의 축구 국가대표 강철, 최성용 선수가 뛰고 있었다. 최선수 댁에서 밥을 한끼 얻어먹었다(감사합니다!). 그때 김치가 맛있다고 하자 최선수 아버님이 부엌에서 마늘을 가져와서 내게 보여주었다.

"이게 터키산인데 독일까지 가서 힘들게 구한 거라오. 마늘이 좋아야 김치가 맛있고, 애들도 힘차게 뛰지."

과연 골이 깊고 묵직하여 썩 맛 좋은 육쪽마늘처럼 보였다. 마늘은, 아버님에게는 아들이 90분을 줄기차게 뛸 힘을 주는 영약이었던 셈이다. 마늘 덕이었는지 모르겠지만 최선수는 그 프로팀에서 주전으로 뛰다가 금의환향했다.

마늘이 아무리 좋다고 해도 나로서는 고통스러운 경험

도 허다하다. 특히 '을지로 골뱅이'로 통칭되는 저동식 골뱅이 요리를 언급하지 않을 수 없다. 매운 고춧가루도 모자라 간 마늘을 서너숟가락 듬뿍 얹어준다. 위에 폭탄을 쏟아붓는 듯한 격렬한 통증을 유발한다. 그게 맛이 좋은지 어떤지를 떠나서 후후, 입을 불며 속을 쓸어내리느라 연신 차가운 맥주만 들이켜게 된다는 게 문제다. 음, 그러고 보니 맥주 판매를 늘리기 위한 마늘의 대량 투입? 사실이 아니겠지만 혹시 이 글을 읽으신다면 저동식 골뱅이집 사장님들, 마늘 좀 줄여주시길 간곡히 바란다. 그 맛이 주는 쾌감은 아마도 통증으로 얻는 자학적 쾌감, 엔도르핀이나 도파민 같은 종류일 게다. 그렇다면 저동 골뱅이집 사장님은 도시 뒷골목의 제사장 역할을 하는 걸지도.

'가벼운 우울증은 엔도르핀의 분비를 통해 치유가 가능하다'고 어떤 매운 닭발집에 씌어 있는 것을 보았다. 서울 논현동의 뒷골목이었다. 아, 우울증이 닭발처럼 흔해졌구나, 하고 혼자 생각했다.

중세 유럽에서는 자신의 신체를 학대하여 종교적 성취를 간구하는 일군의 사람들이 있었다. 가죽 채찍으로 자기 신체를 학대하며 원죄의 속죄를 소원하였다. 소박한 종교적

반성에서 시작한 이 채찍질 고행단은 이내 이상 현상에 휘말려 미친 듯 인기를 끌게 된다. 그리하여 교회의 권위가 통하지 않을 지경이 되었다. 교회의 말씀보다 '순회공연'을 온 채찍질 고행단을 뒤따르는 이들이 크게 늘었고, 교회는 고행단의 활동을 금지했다.

"지금 서울은 마치 모두가 고행단이 된 것 같아."

양손에 비닐장갑을 끼고 입가에 붉은 소스를 묻히며 닭발을 뜯던 친구의 말이었다.

그는 닭발을 다 뜯고, 차가운 소주로 입을 헹궜다. 그의 입술이 자극으로 붉게 부풀어올랐다. 그가 '하아' 하고 한숨인지 감탄인지 모를 신음 소리를 짧게 냈다. 용광로로 천천히 잠겨 들어가던 터미네이터의 기계손을 닮은 닭발이 숯불에 익으면서 탁탁, 소리를 냈다. 닭 발바닥의 폭신한 부분을 잘근잘근 씹었더니 미뢰를 마비시키는 엄청난 자극이 혀에 마구 퍼졌다. 소주를 털어 넣고 한참이 지나자, 몽롱한 기분이 들었다. 엔도르핀인지 도파민인지 하여간 무엇이 나오는 중이군, 하고 나는 중얼거렸다.

사람들은 마치 채찍질을 하듯 매운맛을 갈구한다. 누구는 매운맛이야말로 저강도의 마약이라고까지 말한다. 맵기로 말하자면 인도나 멕시코의 고추를 빼놓을 수 없겠다.

매운맛을 재는 단위로 보아 한국 청양고추보다 수십배 수백배 매운 고추가 있다고 하니 말이다. 그 동네 고추가 팔자에 없게 한국의 김장용으로 쓰인 일도 있었다. 내 국민학교 시절, 이 나라는 이른바 '고추 파동'을 겪었다. 돌림병으로 고추 작황이 바닥을 기록했고, 김장김치 외에 별다른 반찬거리가 없던 그 시절 서민들의 민심은 최악이었다.

흑백텔레비전 속 뉴스 앵커가 수입 고추가 배급된다는 소식을 알렸다. 뉴스는 연이어 '배급 딱지' 뒷거래 같은 추문을 보도했지만, 그 고추로 김장을 담근 사람들의 분노까지는 전하지 못했다. 그때는 그런 시절이었다. 어머니는 김치가 써서 먹을 수가 없다고 울상을 지으셨다. 한국 고추는 단맛을 품고 있어서 김치를 담그면 달큼하고 기분 좋은 매운맛을 낸다. 그러나 오직 매운 성분 ─ 그걸 캡사이신이라고 한다는 걸 그때 알았다 ─ 뿐인 수입 고추로 담근 김치는 고통스러운 자극만 남겼다. 고추라고 다 같은 고추가 아니었다. 짧고 통통하며 검정색에 가까운 그 고추들은 마치 정체불명의 외래종처럼 공포감까지 불러왔다. 봄이 되기도 전, 그해의 도시 변두리 마을의 더러운 개천에는 검붉은색 김장김치 포기들이 굴러다녔다. 먹을 수 없으니 사람들은 버렸다.

매운맛은 자학에 가깝다. 제 상처를 건드려 쾌감을 얻

는. 아마도 인간만이 우주에서 유일하게 자학적인 음식을 즐기지 않을까. 오래전 중국 쓰촨에서도 그랬다. 쓰촨은 중국 음식의 매운맛을 전설로 간직하고 있는 땅이다. 척박하고 추운 쓰촨 땅에서는 매운 음식이라도 먹어야 매서운 추위와 혹독한 여름의 더위를 견뎌낼 수 있었다. '차오라자오(炒辣椒)', 그러니까 매운 고추볶음은 쓰촨식 고추요리의 정점이다. 오직 고추를 볶은, 고추를 위한, 고추에 의한 요리다. 고추가 다른 재료를 북돋우는 양념이 아니라 재료의 전부인 이 기막힌 요리를 상상해보시라. 그걸 먹고 치킨집 앞 할아버지처럼 인자하게 웃을 수는 없을 것이다.

쓰촨 고추는 자그마하고 야물딱지게 생겨먹었다. 그 고추를 오직 기름에 볶아 내준다. 쓰촨 사람들은 고추볶음을 마구 집어 먹는다. 소금을 뒤집어써서 첫맛은 짭짤하지만, 이내 격렬한 통증이 혀를 조인다. 위가 홧홧해지면 다시 열심히 젓가락으로 고추를 집어 입에 넣는다. 그리하여 대책 없는 쓰촨의 기후와 환경에 저항해보는 것이다.

매운 게 꼭 고추만은 아니다. 통각을 일으키는 여러 재료 가운데 산초도 있고, 전통적인 마늘도 있다. 마늘의 매운맛은 고추와는 또다르다. 천천히 혀와 위를 조인다. 그리고 특유의 휘발성으로 코를 자욱하게 포위해 비강을 마비시킨다. 이 글을 쓰는 지금 이미 속이 쓰려온다. 그것은 놀랍게도 침을 고이게 만든다. 묘한 일이다. 통각과 미각의 은밀한 내통일지도.

때로 매운맛의 자학극은 가능한 모든 재료를 동원하기도 한다. 매운 풋고추에 고추장을 찍어 먹는 한국인다운 다양한 요리가 등장한다. 김치찌개에 풋고추와 다진 마늘은 물론 고춧가루까지 넣어 먹는, 매운맛을 향한 한국인의 몰두를 어떻게 다 설명할 수 있을까. 외국인은 이 매운 종합선물세트에서 한가지 요소를 더 발견하곤 한다. 맵디매운 찌개를 상 위에 올려놓고 펄펄 끓여가면서 입천장이 홀랑 벗겨지도록, 잇몸이 화상을 입도록 뜨거울 때 먹는 행위다. 내 일본인 친구가 딱 그랬다. 그이는 고춧가루나 마늘보다 뜨거운 찌개가 더 무서웠노라고 고백한다.

"일본에서도 상 위에 화로를 놓고 찌개를 먹지만, 어디까지나 식지 않기를 바랄 뿐이에요. 한국처럼 찌개를 끓이지는 않죠."

그러면서 그이는 '한국인은 섭씨 100도씨'라고 혼자 중얼거렸다.

'You are what you eat.'

언젠가 뉴질랜드의 기념품점에 붙어 있던 돼지 모양 인

형에 이런 글귀가 적혀 있었다. 이 글귀가 생각난 건, 아마도 내 몸은 고추로 이루어져 있으리라는 생각이 들어서이다. 아니, 내 주위의 한국인은 대부분 그럴 것이다. 당신은 어떤가?

여수 연등천 45번집

자동차의 내비게이션은 '목적지를 다시 입력해주십시오'라고 말했다. 글쎄, 교동시장이 맞다니까. 결국 운전을 하던 친구가 스마트폰을 꺼내고서야 해결이 났다.

"교동시장이 아니고 서시장이란다."

전라남도 여수의 서쪽에 있다고 해서 서시장인가보다. 공식적인 이름이 그렇다. 교동시장이라는 멋들어진 명칭을 내버리고 왜 동서남북을 이름에 붙일까.

"그래도 봉천12동보다는 낫잖아."

교동시장, 아니 서시장으로 친구가 차를 몬 건 역시나 우리의 인생처럼 우연이었다. 서울 노량진 새벽시장에서 병어를 봤고, 병어 하니까 그 눈 작고 내장 적은 이 희한한 고기의 전문가인 소설가 한창훈이 생각났고, 그러니 연등천에서 한잔해야 했기 때문이었다. 그러니까 우리는 교동시장도 서시장도 아닌, 연등천으로 가는 길이었다. 순전히 포장마차를 찾기 위해 여수에 간다는 건 좀 미친 짓 같아 보였지만, 친구는 가속기를 신나게 밟아댔다. 내가 한창훈의 병어 스토리를 맛깔나게 들려줬던 까닭이다.

한창훈은 여수 거문도 사람이며 그 근방에서 오래 생활했다. 그러므로 여수는 그의 손바닥 안이다. 그는 한 신문에 오랫동안 「신판 자산어보」를 연재했었는데 말하자면 건조한 어류 편람이 아니라 여수와 거문도 일대의 바닷속 안줏거리 편력기였다. 그 글은 도저히 맨정신으로는 읽을 수 없을 만큼 술맛 당기게 했다. 그의 글에서 병어와 함께 여수 연등천 포장마차가 등장한다.

십수년 전, 해돋이를 보자는 후배들 사이에 끼여 여수에 간 적이 있다. 화마로 소실되기 전의 향일암에서 떠오르는 해를 보는 게 목적이었는데 어찌나 바닷바람이 차고 매섭던지 해맞이고 뭐고 따끈한 어묵 국물밖에 생각이 나지 않았다.

여수를 다시 찾은 건 시원한 가을의 초입이었다. 연등천은 여수의 생활하수를 쓸어 모아 바다로 뱉어내는 종말하천이다. 그 겨울에는 물이 말라 건천 같은 모양이었는데 이

번에는 잦은 가을비에 제법 수량이 있었다. 그래 봐야 발목이나 겨우 적실 깊이였지만, '천'이라는 이름이 남우세스럽지는 않을 양이었다.

연등천에는 오래전부터 포장마차가 성업했다. 일과를 마친 여수 사람들이 하나둘 모여 쓴 소주와 제철 해물 안주를 먹는 명물거리가 됐다. 지금은 그 위세가 사그라들어 수량 잃은 연등천마냥 처량해졌다. 특이하게도 이 포장마차들은 1부터 시작하는 일련번호를 가지고 있다. 정든집, 한잔집, 호남집 따위의 호칭 대신 쭉 숫자로만 명명되었다. 하나둘 폐업하는 집이 늘면서 숫자도 이가 숭숭 빠져버렸다. 5 다음에 11, 그다음에 16, 18, 22…… 우리가 가는 집은 45번집이었다. 스무살에 시집와서 삼십여년을 지켜온 '아짐'이 여전히 이 집에서 안주를 만든다. 그이의 부엌은 마법 같다. 포장마차이니 변변한 설비도 없고 냉장시설도 빈약하다. 그러나 오직 삼십여년을 지켜온 그이의 솜씨, 그리고 물을 물어보면 실례인 싱싱한 해물이 마법의 재료다.

이 집에는 먹는 법이 있다. 입 다물고 주는 대로 먹는 게 고수고, 먹고 싶은 걸 줄줄이 외는 건 중수다. 제일 하수는 '이거 물 좋아요?' 하고 되묻는 이다. 그러면 아짐은 딱 한마디 하신다.

"물 안 좋으믄 저 개천(연등천)에다 확 버려야쓰겄네."

고수건 하수건 공통점도 있다. 누구도 안주의 값을 묻거나 요리법을 챙기지 않는다. 알아서 가장 어울리는 요리법으로 회 치고 지지고 볶는 까닭이다. 일식으로 치면 절세의 '오마카세(주방장이 재료와 요리법을 선택해서 자유롭게 구성하는 것)'가 여기 와서 울고 간다. 아짐의 요리 배열은 미슐랭 스타 셰프 뺨도 쳐버린다. 차갑고 부드러우며 살이 단 재료부터 시작해 슬슬 입맛을 돋우다가 점차 진하고 구수한 쪽으로, 자극적이고 혓바닥이 홀렁 벗겨질 것 같은 쩌르르한 맛으로 자연스럽게 넘어간다. 미식이 폭식이라는 말도 틀린 말이 아니다. 아랫도리가 휘청거리게 취해서 일어날 때가 되면 도대체 그 많은 요리를 어떻게 다 먹었는지 이해가 안 될 지경이다.

"요즘은 삼치가 살이 오르제."

삼치와 병어부터 세례가 시작된다. 여수 사람들은 시끄럽지 않다. 외지인들이 와도 못 본 척 점잖게 '잎새주', 그러니까 과거의 '보해소주'를 넘긴다. 그런 온화하고 푸근한 분위기가 포장마차의 격을 높여준다. 포장마차에도 격이 있다는 말, 연등천 아니면 써보기 힘들다.

삼치는 '고시'라고 부르는 어린 것은 맛이 없다. 서너자는 되어야 살에 맛이 든다. 과연, 간장과 고춧가루로 버무린 장에 찍은 삼치회가 잇새에 쑥쑥 박힌다. 씹으니 단물이 연등천 물살처럼 흐른다. 가을이 되면 삼치회가 먹고 싶어 여수 사람들은 몸살이 나지 않을까. 그렇지 않다면 여수 사람 아니다,라고 나는 생각한다. 어쩌면 저 구석 자리의 두 사내도 여수 삼치가 그리워 외지서 고향에 찾아든 사람들일지도 모른다고 상상한다. 오랜 경력의 아짐은 온갖 재료를 자유롭게 주무르지만, 해물요리는 특별히 까다롭다. 뭍으로 올라온 살점들은 다 저마다의 내력이 있다. 서식하는 물 높이에 따라 살의 탄력이 다르고 불과 칼로 다룰 때 또 달라진다. 시집 와서 비 가릴 데 없는 포장마차에서 서른해를 보낸 아짐이야말로 그 살점을 만질 자격이 있어 보인다.

큼지막한 병어를 툭툭 자르는데, 어리지 않아도 뼈가 억세지 않다.

"여수 병어는 뼈도 달아. 큰 놈도 잘 씹히제. 병어는 마늘된장에 찍어부러."

해물마다 장이 다 따로 있다. 간드러진 와사비간장 빼곤 다 있다. 이게 진짜 마리아주(mariage, 음료와 음식이 잘 어울리는 조합)다. '카시스 향이 나는 어린 카베르네 소비뇽 품종에는 진한 송아지 골수 양념 소스의 소 허릿살 그릴구이가 마리아주로 잘 어울리고……' 이렇게 떠들었던 내가 웃겨서 혼자 쿡쿡 웃었다.

잎새주 병을 한창훈식 표현으로 '연달아 비틀었다'. 양식한 광어나 우럭 같은 미끈한 어종은 여기 없다. 활어도 없다. 오직 주인과 손님이 믿음으로 주고받아 먹는 물 좋은 선어가 있을 뿐이다. 얼음장 위에 가지런히 누운 어물들이 끝도 없이 주인 아짐의 손에 의해 작살이 났다. 어린애 키만 한 삼치가 이내 거대한 옷핀처럼 대가리만 덩그러니 남았다. 서해안산과는 종이 다른 듯한 주꾸미와 먹통 갑오징어가 통째로 삶아져 나왔다. 동행한 영화평론가 정형의 아내 김여사는 옆자리의 현지 사람들과 한창 수다가 재미지다. 그중 한명이 우리 자리에 덥석 앉더니 먹통 갑오징어를 손으로 집어 일행들에게 권한다. 먹물이 뚝뚝 흐른다.

"아짐, 듣기로 연등천에 남녀가 같이 빠지면 사랑하게 된다던데 사실이오?"

우리 일행이 물었고, 아짐은 웃었다.

"지금은 안 빠져, 난간이 세워졌응게. 여자가 빠지고 남자가 구해주면 그 술에 사랑 안 하고 배기겠소?"

아짐은 알듯 말듯 웃었다. 그럴 것이다. 포장마차는 연등천에 바짝 붙어 서 있고, 잔뜩 오른 술기운에 빠지지 않을 재간도 없었으리라. 지금은 철제 난간이 튼튼하게 설치되어 있으니 그런 풍문도 이젠 전설이 되어버렸다. 병어 맛은 여전하고 삼치도 때가 되면 올라오지만, 시속은 그렇게 바뀌고 마는 것일까.

김여사는 손님들과 술잔을 주고받다가 술이 넘쳤다. 그리고 등받이 없는 포장마차용 좁다란 나무 탁자에 누웠다. 초겨울 비가 들이쳤다. 포장마차는 대충 비닐을 치고 장사했다. 부엌 아닌 부엌에서 안주 만드는 아짐에겐 비가 반가울 리 없을 터이지만, 이런 운치가 또 어디 있나.

아짐이 여수 특산 장어구이를 올렸다. 매운 양념을 발라 껍질은 파삭하고 속은 촉촉하게 잘도 구웠다. 불 냄새 풀풀 날리는 맛있는 장어구이가 입에 들어가면 잎새주가 다시 연달아 쓰러졌다.

"아짐, 이제 뭘 주실라우?"

비 냄새인지 하구의 밀물에 들어온 갯내인지 비릿한 물 냄새가 연등천에 자욱하게 피어올랐다.

무아경의 기술, 굽기

'굽기'에 관한 최초의 기억은 큰댁의 마당에서 시작된다. 다다미가 깔린 방이 많은 적산가옥이던 큰댁에는 나와 잘 놀아주는 사촌 형이 있어서 좋았지만, 아버지는 대소사나 있어야 겨우 내 손을 잡고 방문했다. 큰아버지와 사이가 별로 좋지 않았던 모양이다. 어쨌든 대소사란 잔치든 제사든 요란하게 뭔가를 볶고 굽게 마련이어서 어린 내게는 큰 구경거리였다. 다다미방에서 사촌 형이랑 레슬링을 한판 하고 난 뒤 나는 마당에서 어른들이 음식 장만하는 모습을 지켜보았다. 연탄과 석유풍로를 놓은 마당에서 혼곤한 기름 냄새를 풍기며 전을 부치고 산적과 생선을 구웠다. 다른 음식은 별로 생각이 안 나는데 유독 굴비를 굽던 화덕이 눈에 선하다. 어느 친척 아주머니인가가 화덕에 연신 부채질을 하던 기억이 나는 걸 보면 숯불 화덕이었는지도 모르겠다. 커다란 굴비 껍질이 바삭바삭해지도록 갈색으로 구우면 파란 연기가 피어올랐다. 벽돌로 지은 담벼락 밑 화덕에서 굴비 몸통에서 나오는 자욱한 연기가 푸른 하늘로 올라가던 광경은 아직도 내게 그림처럼 선명하다. 또렷한 그림에 굴비 냄새, 바삭한 껍질의 촉각까지 어우러져 그 기억은 좀체 사라지지 않는다.

엄한 어른들 틈에서 집은 굴비 한점은 간간한 소금 맛으로 혀에 남아 있다. 그후로 다시는 그런 굴비 맛을 보지 못했다. 내 혀가 둔해진 건지 모르겠으나 어렴풋이, 공활한 가을 하늘 아래 화덕에 굽는 굴비가 아니기 때문이야, 그런 생각이 들곤 한다. 소금 간 잘된 좋은 굴비야 돈으로 살 수 있겠지만 유년의 가을을 되살 수는 없는 법이라 어쩐지 슬퍼진다.

언젠가 도쿄의 야키토리집 창가에 서 있었다. 서류 가방을 든 샐러리맨들이 좁은 길을 새카맣게 메우고 퇴근 중이었고, 하나도 바쁘지 않은 이방인은 대형 텔레비전만 한 유리창으로 어느 야키토리 장인의 손길을 관람하고 있었던 것이다. 그는 창밖의 이방인은 무시한 채 제 할 일만 할 뿐이었다. 제각기 다른 부위의 닭고기를 작은 화로에 얹어 굽고 있었는데, 그건 정성이라든가 노련한 손길이라든가 하는 어떤 수식어를 붙일 수 없는 천애의 경지였다. 꼬치에 꿴 닭의 어느 부위를 화로에 얹은 후 소금을 툭툭 던지듯 간을 했다. 불에 들어간 소금이 튀기 때문인지 그의 버릇인지, 눈을 한번 찡그린 후 부채질을 대여섯번 했다. 숯불땀을 돋운다기보다 그저 버릇처럼 하는 부채질 같았다. 간혹 기름기 많은 부위, 이를테면 엉덩이의 지방층이나 껍질 따위를 구울 때는 붉은 연기가 불끈 솟아오르기도 했는데, 그럴 때면 어스름 저녁의 노을빛에 더해 그의 얼굴이 노련한 장인의 풍모를 드러냈다. 그가 착용한 낡고 푸른 티셔츠와 머릿수건, 그리고 가늘지만 강단 있어 보이는 팔뚝은 평생 닭을 굽도록 고안된 듯 보였다. 그야말로 완벽한 야키토리의 장인 같았다. 펄럭이는 포렴과 기름때 묻은 창, 그 너머로 흐릿하게 보이는 텔레비전 화면까지 모두 계산된 구도처럼 여겨졌다. 도쿄 번화가에 흔한, 겨우 스무 자리나 있을 법한 그렇고 그런 야키토리집이었을지라도 이방인에게는 그렇게 느껴졌다. 그건 그의 무심한 표정 때문이었다. 권태라든가, 정반대로 달관도 아니었다. 화로와 부채와 두 손으로 꼬치를 뒤집는 두 팔뚝까지, 과장된 군더더기가 전혀 없었다. 그는 그 무심함으로 세월을 견디고 있는 듯했다. 나는 그걸 이해할 수 있을 것 같았다. 무심한 외면의 힘이다. 한참 밖에서 들여다보던 그 집에 들어서서 차가운

술에 외면의 기술로 구운 닭을 썰었다. 아무 양념 없이 소금으로만 간한 그 닭은 열가지가 넘는 온갖 부위를 다 맛볼 때까지도 물리지 않았다.

　손님이 미어터지거나 구이 요리가 주력인 식당이라면 그릴은 애증의 대상이 된다. 그런 식당에서 한동안 굴렀다면 평생 그릴판에선 한수 접고 봐주는 풍토도 있지만 그런 대우를 받게 되기까지 뒤집어써야 하는 불꽃과 기름은 증오가 된다. 장사가 좀 되는 집의 그릴은 어마어마하게 커서 돼지 한마리쯤은 통째로 올려놓고 구울 만한데, 문제는 무엇으로 굽는가이다. 맛있기로야 숯을 따를 것이 없으니 셰프는 당연히 숯불을 넉넉히 쓸 그릴을 설계한다. 등신대의 사각 그릴에 숯을 잔뜩 넣었다고 상상해보라. 불과 대여섯개의 숯이 들어간 불판조차 후끈거리는 열기가 보통이 아니다. 제대로 된 그릴은 가까이 가기도 전에 뿜어져나오는 복사열이 숨통을 조인다. 반사식 온도계로 그릴을 체크하면 500도가 훌쩍 넘는다. 고기에서 나온 기름이 쉼 없이 숯 위에 떨어져 불꽃을 일으키고, 그 기름이 다 마르기 전에 새로운 고기가 기름을 뒤집어쓴 채 그릴로 돌진한다.

　서로 다른 정도로 구워내야 하는 고기와 재료들이 뒤

엉켜 그릴은 난장판이 된다. 입에서 멸치젓 냄새가 나도록 힘들게 일하는 노련한 그릴 요리사는 조금씩 시차를 두고 얹힌 고기를 각각 네번 손댄다. 우선 왼쪽이든 오른쪽이든 사선 방향으로 그릴 자국을 몸통에 남기며 굽기 시작한다. 그리고 방향을 한번 튼 후, 이내 뒤집어서 똑같은 자국 내기 과정을 거친다. 수십개의 고깃덩이를 각각 알맞게 익히는 솜씨를 옆에서 보자면 얼이 빠지곤 한다. 연기와 불꽃은 2~3마력의 엄청난 흡입력으로 빨아들이는 배출기조차 감당하지 못할 만큼 강력하게 피어난다. 주문이 밀리는 저녁 시간에 그릴 주변에 얼씬거리면 연막탄을 뒤집어쓴 양 숨을 쉬기 버거워진다. 그릴 앞에 던져진 시간은 마치 지옥으로의 유배 같지만, 다행스러운 건 숨 막히는 하루가 쏜살같이 흘러간다는 점이다. 생각해보라. 일렬로 누운 고기, 그것도 제각기 다른 동물의 여러 부위에 단 네번의 움직임으로 그릴 자국을 내는 요리사에게 필요한 것은 시간으로부터 멀어지는 무아경이다. 나는 모든 구이를 사랑한다. 그리고 모든 굽는 이들을 존경한다. 선사시대부터 이어져온 가장 오래된 요리 기술, 오직 뚝심으로 버티는 원시적 기술의 무심함을 존경한다.

요리를 하고 살면 이런저런 소식이 끊이지 않는다. 이를테면 어느 식당에 손님이 미어터져서 주인이 밤새 카드 전

표를 샀다든가, 아무개 소믈리에가 어느 손님과 바람이 났다든가 하는 일 따위다. 그중에는 별로 새로울 것도 없는 뉴스도 있다. 아무개 식당의 그릴 담당이 도망을 갔다는. 그런 일은 워낙 다반사라 그렇군, 하고 고개를 한번 끄덕거리고 말게 된다. 올해도 연말이면 양식당의 그릴 요리사들은 가스와 숯 냄새를 단단히 맡으며 코밑이 매캐해지도록 고기를 구울 것이다. 나라도 그런 짓은 두번 다시 하고 싶지 않다.

희한하게도 메인 주방장들은 목소리가 크지 않아서 쏟아지는 주문을 웅얼거리듯 한번 뱉고 만다. 찬 요리나 파스타야 어찌어찌 맞춰낼 수 있겠지만, 이른바 '템퍼러처', 즉 고기의 굽기 정도가 제각각인 그릴 요리는 주문을 정확히 이해해야 한다. 자, 양갈비 미디엄웰던 두개에 미디엄레어 하나, 웰던 하나에다가 돼지목살구이가 각각 따로따로 셋, 소등심이 제각기인 온도로 일곱개에다 안심이 여섯개, 다시 농어와 도미 각기 두개씩을 주방장은 주문서를 보고 한꺼번에 '불러버린다'. 그릴 요리사는 거의 오줌을 쌀 지경이 되어 얼굴이 붉어지고, 집게를 집어던지고 도망가고 싶은 마음에 사로잡힌다. 이때 다시 앞에 적은 주문과 거의 같은 오더가 한바탕 더 쏟아진다. 구워진 정도가 주문과 다르다고—왜 사람들은 인생관처럼 제각기 굽기에 대한 기준이 다른 걸까—되

돌아오는 것도 서너접시는 좋이 된다. 요리사의 머릿속은 진공상태에 빠지는데, 그러지 않고서는 도저히 그 주문을 처리할 방법이 없다. 그릴은 어쨌거나 그 식당의 얼굴이니까. 손님들은 정성껏 만든 전채나 달콤한 디저트보다는 스테이크를 얼마나 잘 구웠나로 그 식당을 평가하기 좋아하니까. 그러니 슬리퍼에 요리복을 입은 채로 도망가버리고 말밖에.

나는 유럽에서 최악의 그릴을 종종 보았다. 이른바 '클래식'이라고 자랑하는 벽난로 같은 그릴이다. 욕설이 튀어나올 만큼 무시무시한 복사열이 뿜어져나와 고기를 맛있게 익힌다. 고기가 익는 동안 요리사도 같이 구워버리는, 그릴 자국처럼 선명하게 요리사의 인생에 후회의 방점을 찍게 만드는, 그래서 증오의 대상이 되어버리는. 그렇지만 요리사들을 그 불구덩이에 밀어 넣는 나 같은 셰프들은 회심의 미소를 짓게 하는 그런 그릴.

전주의 국밥, 제노바의 파스타

"저 뚝방길로 쭉 가면 민물매운탕집이 맛있습디다, 허허. 전주에 오시믄 한 나흘 묵으셔야 뭐 좀 먹었다, 하지요."

터미널 앞에서 잡아탄 택시의 기사가 말했다. 누구는 전주에 순전히 먹으러 간다고 했다. 친구들과 전주 얘기를 하면 수많은 음식 이름이 쏟아지지만 인상적인 대목은 오히려 잠자리였다. 풀 잘 먹인 바스락거리는 보로 감싼 요를 깔고 뜨끈한 온돌방에서 하루 푹 쉬었다는 경험담. 우리 곁에 솜틀집이 사라지면서 사각사각하는 요에 누워본 기억도 구름처럼 떠버렸다.

전주에서 맛봐야 할 음식이 민물매운탕이라니, 이 양반 뜬금없다고 생각했었다. 알고 보니 전주엔 우리가 아는 음식만 있는 게 아니었다. 실제로 전주의 민물매운탕은 '오모

가리탕'이라고 부르는데, 으뜸으로 친다는 맛이다. 나는 막걸리골목에서 사람을 만나 '맑은 거'—앙금을 가라앉혀 위에 뜬 맑은 술만 따라낸 것으로 전주식 스타일이다—나 한잔 하고 후배를 만나 모악산을 하루 오르고 돌아올 예정이었는데 민물매운탕까지 먹어볼까 하는 욕심이 생겼다.

매운탕만 나왔으면 어지간했을 일이, 결국 짜장면도 합세했다. 그 동네 출신에다가 여행기자 일을 하는 친구가 침을 튀기며 더하고 나섰다.

"이, 그려, 전주 가서 묵을 게 많다만 뚝배기짜장이라고 들어봤나. 아아, 또 있제. 천변에 있는 떡갈빗집 다슬기탕이 죽여분다."

다슬기탕 파란 국물이 옛날 소주에 타마시던 맥소롱 색깔이다. 시워언하다, 소리가 절로 나온다. 그러고 보니 우리 선배들은 소주에 뭘 그렇게 타 마셨다. 국산 위스키며 홍삼액에다가 광동쌍화탕은 물론이고 위장약인 맥소롱까지 섞었다. 정말 해외토픽감이 아닌가 싶다. 그 에메랄드빛 위장약을 넣은 소주를 마시는 한국인들 말이다. 구강청정제를 넣어 마시지 않는 게 다행이랄까. 민물매운탕은 기대만큼은 아니었다. 어떻게 만들었는지 모르겠지만 바가지만 한 누룽지를 주어서 깜짝 놀란 정도가 다였다.

서울에서 전주식 콩나물국밥을 종종 먹고 다녔다. 달콤한 모주에 달걀 푼 뜨거운 국물로 시작한 해장이 결국 다시 미련하게 소주병을 쓰러뜨리곤 했다. 서울에서 먹는 콩나물국밥은 '삼백집'식이라고 해서 뚝배기에 콩나물과 재료를 넣고 팔팔 끓이는 음식이다. 입천장을 홀랑 벗겨가며 먹는 맛. 나는 그걸 전주 콩나물국밥의 표준으로 알았는데, 막상 전주에서는 남부시장식을 보게 됐다. 어느 집이 그리 맛있더냐고 묻지는 마시라. 나는 그런 감별력도 없고 실제로 몇몇 집들이 우열을 가리기 힘들게 맛있었다. 그러니 그냥 나를 따라 남부시장 안으로 들어오시면 된다.

　골목골목을 돌고 돌아 ─ 그 길마다 피순대를 비롯한 다른 맛집들이 널려 있으므로 꾹 참고 목적지까지 가는 내비게이션 정신이 필요하다 ─ 한 집에 당도했다. 맛있는 집은 역시 기운으로 나그네에게 말해준다. 별게 아닌데도 손님만 많은 집에서는 결코 감지하기 어려운, 진짜 맛있는 집에서만 만날 수 있는 부엌신의 기운이 느껴진다. 손님들의 행복한 표정, 무뚝뚝하지만 정확한 손놀림으로 일하는 이들의 얼굴, 그리고 바닥부터 천장까지 가득 찬 절제된 식욕의 뼈대들. 그런 집에 들어설 때는 모자를 벗어야 할 것 같은 경외감이 들

곤 한다. 딱 그 집이 그랬는데, 손바닥만 한 내부가 부엌이자 홀이었다. 안내랄 것도 없이 엉거주춤 커다란 탁자에 앉았는데, 탁자 위에 스테인리스 덮개를 씌워놓은 게 인상적이었다. 그 이유는 곧 알게 되는데, 조금 귀띔해드리자면 손님의 탁자이자 동시에 주방의 작업대이기 때문이었다.

언젠가 내가 토렴을 이야기했던가. 서양 요리에는 없는 동양만의 밥과 국수 요리법 말이다. 뜨거운 국물을 부었다 따랐다 하는 토렴을 통해 밥은 더운 온도를 얻고, 밥알의 전분이 녹아나지 않아 국물은 깔끔함을 유지한다. 전주의 두 가지 국밥 스타일은 아마도 여기서 나뉘지 않나 싶다. 토렴을 해서 맑고 깔끔한 국물을 유지하는 방식과 뚝배기 안에서 모든 재료가 녹진하게 풀리면서 진한 맛을 내는 방식.

남부시장의 그 집은 토렴을 해서 국물을 맑게 만들었다. 주문을 하면 손님의 탁자 뒤편 가스레인지에서 국물을 끓이던 요리사가 '돌연' 뒤로 돌아선 후 파와 마늘, 청양고추를 다지기 시작한다. 그래, 맞다. 바로 손님의 탁자 위에서. 커다란 도마에서 동양의 스파이스와 허브가 맵싸한 향을 풍기며 칼날에 짓이겨진다. 주문한 국밥에 넣을 양념이 눈앞에서 미리 냄새를 피워 올린다. 침샘이 자극되면서 아무것도 먹지 않았는데도 효과적인 아페리티프(식전주)가 되고 만다. 앞치

마를 두른 요리사의 두툼한 손과 우악스러운 칼, 다리를 모으고 겸손하게 음식을 기다리는 손님들의 정경이 시각적인 효과를 이루고, 도마 위에서 다다다다 양념 다지는 소리가 청각에 더해진다. 어쩌면 남부시장식 콩나물국밥 맛의 정수는 손님상에서 곧바로 다지는 향신채 아닐까, 나는 생각하게 됐다.

이탈리아 제노바는 한때 베네치아와 어깨를 겨루던 해상무역 도시였다. 중개무역으로 엄청난 돈을 벌었으나 베네치아의 위세에 밀려 상대적으로 유명세를 얻지 못했다. 일본의 소설가 시오노 나나미가 베네치아 이야기를 써서 크게 히트를 쳤는데, 제노바를 다루지 않은 게 나는 의아하다. 베네치아만큼 매력이 없었는지는 몰라도 무동력선 시절에 제노바가 이룩한 업적과 역사적 공헌은 그 자체로 거대한 드라마이기 때문이다. 제노바는 1380년의 해전에서 베네치아에 패하면서 지중해 무역의 주도권을 내주고 만다. 그후 과거의 영화를 되살릴 길은 없었다. 현재는 이탈리아 북서부 리구리아주의 주도로서 공업과 조선업, 선박 운송업 등으로 먹고산다. 제노바는 지금도 베네치아와 사이가 나쁜데, 베네치아로서 다행인 것은 베네치아 축구팀이 제노바의 두 프로팀과 달리 하위 리그를 전전하는 바람에 맞대결할 일이 별로 없다는 점이다. 한때 같은 상위 리그에 두 도시 팀들이 있을 때는 피렌체-시에나 팀 간의 경기 못지않게 살벌한 분위기가 빚어졌다.

베네치아만큼은 아닐지라도 제노바에도 매몰찬 장사치들이 많다. 그래서 나는 멋진 해변과 지중해를 바라보는 절벽 같은 관광자원이 많은데도 이 도시를 방문하는 걸 그다지 반기지 않았다. 그럼에도 제노바에 가게 되는 건 하나의 음식 때문이다. 제노바는 이탈리아 중에서도 최고의 올리브유를 생산하는 곳이다. 그리고 향기로운 바질잎을 넣은 파스타가 유명하다. 바로 바질페스토 스파게티, 다른 말로 '스파게티 알라 제노베제'의 땅이다. 바질과 잣, 올리브유, 파르미지아노치즈를 넣은 이 스파게티는 이름 그대로 '제노바식 파스타'이다. 이탈리아 전역에서 만날 수 있지만 원조는 제노바란 말씀이다.

제노바 출신의 요리학교 친구 프란체스카는 뒤늦게 요리를 시작한 이로 영국계 혈통이었다. 그녀에게 배운 바질페스토 스파게티는 남다른 맛을 냈다. 나는 한동안 그 이유를 알지 못했다. 별달리 뛰어날 것도 특별할 것도 없는 요리법이었기 때문이다.

"자, 바질과 잣을 으깨다가 올리브유를 넣고 곱게 으깨 봐. 아아, 향이 참 좋지? 여기에 파르미지아노치즈를 넣고 스파게티를 버무리는 거야."

짓이겨진 바질 향이 코 안으로 밀려와 축축한 세포들 안에서 오랫동안 머물렀다. 뒷맛은 고소한 잣과 올리브유가 받쳐줬다. 짭짤하고 감칠맛 강한 파르미지아노치즈가 마지막까지 입맛을 붙들었다.

그러다가 한국에서 일하면서 문득 제노바를 떠난 바질페스토 스파게티가 맛이 없는 이유를 알아냈다. 여기에서는 모든 재료를 믹서에 넣고 순식간에 갈았다. 바쁜 식당에서 언제 절구에 바질잎을 따서 넣고 오일과 치즈로 맛을 내겠는가. 역시 최고의 바질페스토는 돌절구를 만나야 한다. 바질이 천천히 제 즙을 내어주도록 기다리기. 요리하는 이가 손끝의 감각으로 바질잎과 구운 잣이 절굿공이 끝에서 만나도록 하기. 이 쉬운 요리법을 잃어버리는 건 어쩌면 순간이었다. 어느 스파게티 요리사가 손님 앞에서 절굿공이를 손에 쥘까. 그를 기다린다.

추억 한 그릇,
그리움 한 접시

4부

서울운동장을 기억하십니까

몇년 전, 영국발 뉴스 한 꼭지가 눈길을 끌었다. 유명한 요리사 제이미 올리버가 프리미어리그 경기장에서 음식을 판다는 내용이었다. 뭐, 그럴 수도 있겠지 했는데 그를 영입하는 데 맨체스터시티 구단이 제시한 돈이 자그마치 백억 원! 자못 충격적인 액수였다. 그 돈이면 우리나라 프로축구단 하나를 사고도 남을 만하지 않은가. 그런데 그가 하는 일이란 경기장에서 파는 음식 메뉴를 짜는 것이 전부란다. 튀긴 닭과 맛없는 핫도그 정도를 생각해야 하는 우리로서는 입이 떡 벌어질 아이디어였다. 미디엄레어로 구운 스테이크 샌드위치, 어머니 솜씨가 느껴지는 파이 같은 걸 판다는데, 이미 그런 음식을 먹으러 경기장에 가보겠다는 사람들이 줄을 섰다고 한다. 백억원을 투자할 가치가 있는 모양이다. 알다시

피 프리미어리그 경기의 입장권 가격은 상상을 초월한다. 가장 싼 표도 오만원 이상 가는 경우가 흔하다. 맨체스터유나이티드, 첼시 같은 인기 구단의 로열석 연간권은 암거래 가격이 천만원을 넘기도 한다. 그러니 제이미 올리버에게 준 돈이 아깝지 않을 수도 있다.

일본에 가서 운동경기를 보면 두가지 재미가 있다. 하나는 도시락이다. 밖에서 사 가는 게 좋지만, 경기장에서 파는 것도 제법 먹을 만하다. 경기장에서 뭘 먹는 장면을 그린 창작물 중에 인상 깊은 만화가 있다. 다니구치 지로와 구스미 마사유키의 『고독한 미식가』(이숲 2010, 2016)라는 걸작이다. 이게 인기를 끌어서 텔레비전 시리즈로도 제작되었다. 엄청나게 더운 날, 주인공이 조카가 투수로 나오는 고교 야구 경기를 보는 장면이 있다. 매운 카레 도시락을 먹고 땀을 뻘뻘 흘리며 조카를 열정적으로 응원하는, 어떻게 보면 컬트 같은 희한한 에피소드다. 그런데 참 이상하게도 그 장면이 내 뇌리를 떠나지 않는 것이다. 나도 한때 관중이 거의 없는 시시한 경기를 보면서 무언가를 먹는 게 취미였던 까닭일까.

일본의 경기장에서 누릴 수 있는 또다른 재미는 생맥주인데, 시켜 먹는 재미가 쏠쏠하다. 모자 쓴 판매자가 마치 석유통 같은 걸 등에 지고 '나마비루(생맥주)!'를 외치고 다닌다. 그를 불러서 마시면 된다. 등에 짊어진 맥주통에 연결된 호스로 종이컵이나 투명한 플라스틱컵에 맥주를 따라준다. 내 경우 종이컵을 받으면 일단 기분이 좋지 않다. 시각적으로 보기 싫을 뿐 아니라 거품이 너무 많아져 맥주를 정량보다 적게 받게 되기 때문이다. 종이컵 안쪽은 얇게 비닐 코팅이 되어 있는데, 이 때문에 거품이 많이 생긴다. 병맥주를 마실 때 종이컵을 쓰면 따르기가 불편했던 경험이 있지 않은가. 그 경우에는 불편하고 말면 그만이지만, 생맥주일 경우에는 심각한(?) 문제가 생긴다. 평소엔 생맥주에 거품이 있어야 한다고 입에 거품을 물던 내가 이 경우에는 지나친 거품 때문에 다시 입에 게거품을 물게 된다. 물론 실제로는 일본어를 못해서 거품을 물지는 못하고, 그저 거품이 가라앉기를 기다려 더 채워주기를 호소하는 눈빛을 보내는 게 전부다. 친절한 생맥주 판매자지만, 이때는 여지없이 '나마비루' 하면서 사라져버린다. 하기는 나와 실랑이할 틈이 있겠나. 다른 손님들이 연신 그를 불러대는데. 그것도 한잔에 육백엔이 넘는 걸 말이다. 일본인들의 맥주 사랑은 정말 대단하다. 두어 시간짜리 경기를 보면서 생맥주를 대여섯잔씩 마시는 사람도 있다. 기차간에서도 도시락을 안고 식전주로 캔맥주를 따라 마시는 일본인들을 보고 있자니 엄숙한 의식을 치르는 것 같다. 음미하듯 천천히 목울대를 흔들며 맥주를 흘려 넣는 일본인들.

실은 나 역시 '맥주 홀릭'이라 경기장에서 어김없이 과음을 한다. 맛없는 캔맥주라도 마시는 게 어디냐면서 홀홀거린다. 그도 그럴 것이 한국은 한때 경기장 내 폭력이 문제가 되어 맥주 판매를 금지했다. 그러고선 노래방에서 파는 맥주 맛 음료를 팔았다(그런데 희한하게도 그걸 마시고 야구장 안전그물망을 오르는 사람도 있었다).

경기장에서 내가 저지른 음주 사건 중 가장 기억에 남는 건 축구장에서의 일이다. 1990년대 초반이던가, 김용세가 에이스였던 일화천마(지금의 성남 구단) 대 대우로얄즈(지금의 부산 아이파크 구단) 경기였다. 대우에서는 김주성이 야생마처럼 머리를 휘날리며 뛰던 시절이다. 경기장에 몰래 가지고 간 술이 화근이었다. 마침 무더운 여름이었고, 서울운동장—지금은 동대문디자인플라자가 되어버린—밖에서는 무허가 리어카가 줄줄이 늘어서서 오징어 같은 주전부리와 팩소주를 팔았다. 아무 생각 없이 오징어와 팩소주 몇 팩을 샀다. 경기를 보다가 팩소주를 따랐다. 이게 웬일? 소주가 펄펄 끓고 있었다. 한낮의 리어카 위에 놓인 채 한참 열을 받은 탓이었다. 그 뜨거운 소주를 입에 넣으니 아무 향도 맛도

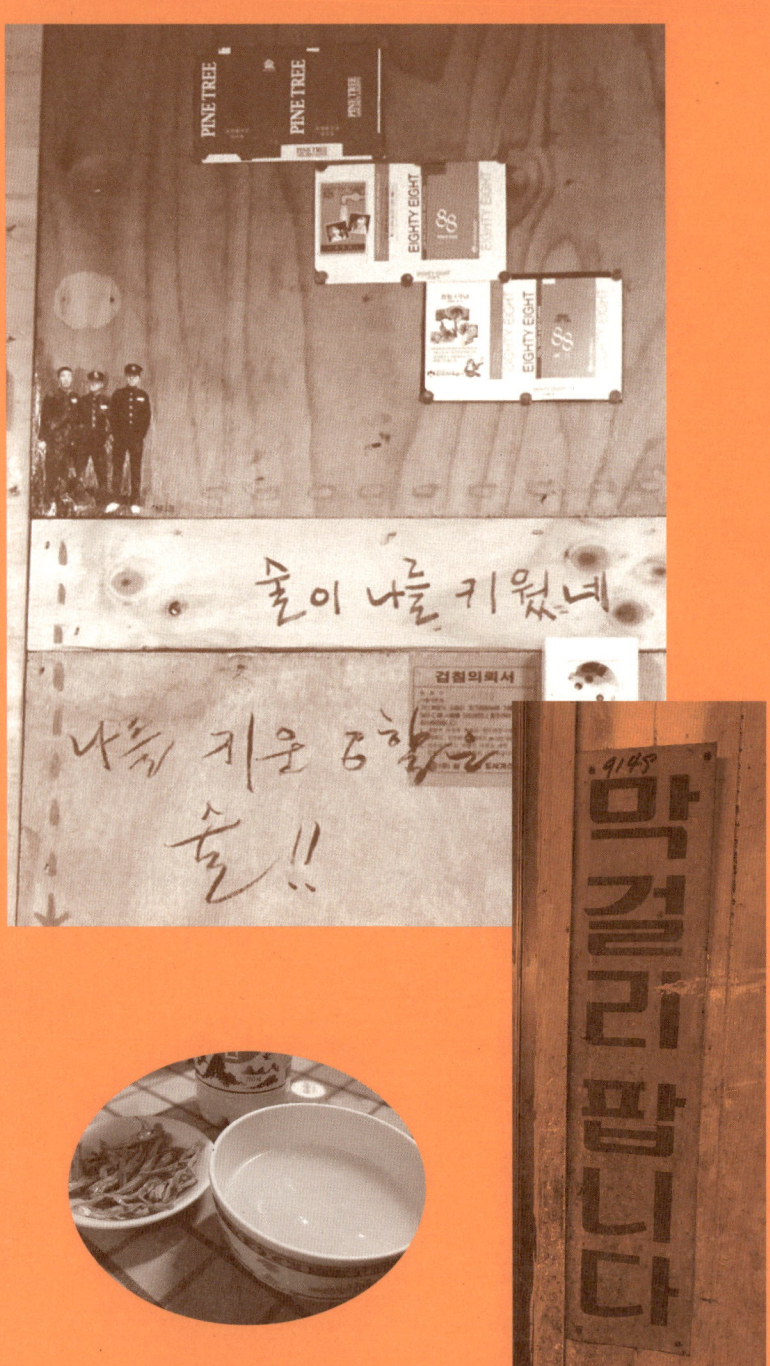

느껴지지 않았다. 소주라면 목에 걸리고, 그러면서 반응도 하고 조절도 하기 마련인데 물처럼 술술 들어오니 취할 수밖에. 다음 날, 같이 갔던 친구에게 전화를 했다.

"야, 근데 경기가 어떻게 끝났냐? 후반전이 전혀 생각이 안 난다."

서울운동장이 야구장과 축구장으로 나뉘어 한때 대한민국 스포츠를 책임지던 1970년대, 성동원두(城東原頭, 서울 동쪽의 너른 들판)라고 부르던—일제 때 이곳을 칭하던 일본식 말투라는 설도 있다—이 지역은 빅매치가 있으면 난리가 났다. 기마경찰대가 등장해 말들이 머리로 관람객들을 슬슬 밀면서 질서를 세우려 했고, 리어카가 줄을 섰다. 술 반입을 막기 위해 경찰이 가방을 뒤지고 팬들은 들키지 않기 위해 온갖 묘수를 짜냈다. 오렌지주스 병에 소주를 담는 것은 고전적인 수법이어서 쉬이 들통났다. 아기 분유병에 담아 가는 사람도 있었고 아예 미리 마셔서 배에 넣고 들어가는 사람도 있었다.

경기에 불이 붙으면 슬슬 암매상들이 활약하는 타이밍. 그들은 외야에서 빨랫줄을 내려 경기장 밖의 팬들로부터 보따리를 걷어 올리다가도 경비원들이 호각을 불고 쫓아오면 번개처럼 숨어버렸다. 뜨거운 열기의 3만 관중! 숨을 곳은 넘쳐났다. 그렇게 밀반입한 소주를 오징어와 묶어 팔았다. 왜 소주에는 마른오징어였을까. 먹어보면 그다지 잘 어울리지도 않는데. 휴대의 편리성 때문일까. 어쨌든 두 품목은 늘 붙어 다녔다. 오징어에 소주잔을 받으면 그 뜨겁던 시대의 성동원두가 생각난다.

고교 야구 라이벌전이 벌어지면 경기장 안팎으로 그런 북새통이 없었다. 경기에 진 학교는 진 학교대로, 이긴 학교는 이긴 학교대로 행진을 하면서 동대문과 종로통을 휩쓸었다. 사람이 모이는 걸 두려워했던 정권 치하였던지라 그렇게 많은 사람들이 시내를 소리 지르며—그래 봤자 고향의 산과 바다가 등장하는 교가나 아카라카치, 하는 응원가지만—몰려다녔던 것은 특이한 경우였다. 한바탕 행진을 하고는 얼굴도 모르는 선후배들이 술집에 함께 앉아 경기를 씹고, 안주를 먹고, 술을 들었다. 아아, 돌아오지 않는 시절들. 그래서 더 눈물 나는 경기장의 기억들. 오징어와 김밥, 소주와 맥주. 서울운동장 일층 구석에서 팔던 퉁퉁 불어버린 우동과 짜장면의 맛은 왜 잊히지 않는 것일까. 이제 성동원두는 사라졌다. 거기에 마치 우주선 같은 건물이 들어섰다.

그 시절에 나는 서울시 추계연맹전 같은 시시한 경기를

좋아했다. 몰래 가지고 들어간 소주를 마시면서, 쌀쌀한 날씨에 가을볕을 받았다. 그때 삼루수가 타구를 기다리며 팽팽하게 세우고 있던 종아리를 기억한다.

부대찌개,
이빨 자국을 찾으십니까

　　십수년 전, 청담동에 장안의 화제가 된 식당이 있었다. 고급차 좀 몬다는 사람들은 예약 리스트에 이름을 올리기 바빴고 요즘 물가에도 어지간한 식당에서는 이루기 힘든 하루 매출 천만원을 꽉꽉 올리던 집이었다. 그 집 요리가 맛이 있었는지 어땠는지는 모르겠으나 누구도 추종할 수 없는 위엄이 있었으니 그건 식당의 슬로건에서 비롯했다. 바로 '퓨전'이라는 두 글자다. 요새는 허름한 주점에서조차 퓨전 요리라고 써붙이는 시절이지만, 당시 퓨전은 전무후무한 새로운 요리 경향으로 크게 주목받았다. 누구는 크림소스에 간장 두어방울 섞으면 퓨전이냐, 와인 대신 청주를 넣으면 퓨전이냐고 비웃었지만 그게 그 시절 고급 식도락의 한 유행이었다.

　　퓨전은 동네 식당에도 바람을 일으켰다. 케첩과 마요네

즈, 간장과 고추장 사이를 아슬아슬하게 오가면 퓨전이라고 불렀다. 그때, 강호의 강력한 퓨전 거사께서 일갈하셨다.

"누가 나의 퓨전 아성에 도전하느뇨. 건방지도다."

그의 곁에는 좌 소시지, 우 스팸의 건장한 외래 무사가 호위하고 있었고 열이 받으면 거대한 라면사리 특공대를 투입해 퓨전 동네를 평정하곤 했다. 그는 스스로 퓨전의 전설을 이루고자 했는데, 그 근거는 이랬다.

"라면이란 원래 중국 내륙의 음식이 일본을 거쳐 한국으로 들어온 것이니 이 또한 유서 깊은 퓨전의 원조로다. 김치와 두부에 빛나는 세례를 베푼 소시지와 햄, 체다치즈의 카오스적 융합은 또한 퓨전의 신세기일진저."

그가 퓨전 창세기에 버금가는 위세로 꾸짖었지만 쉽게 풀어보면 부대찌개가 퓨전이란 얘기고, 그게 맞긴 맞다. 묵은 김치와 미군 부대의 짬밥이 만났다는 사실만으로도 미지와의 조우, '크로스 인카운터'가 아니더냐는 말이다. 누구는 그런 음식이야말로 모멸의 극치라고 부끄러워하였고 그 때문에 작금의 한식 세계화 — 찌개급도 아닌 간식급 떡볶이가 선두에 서 있는 — 흐름에도 합류하지 못한 게 아니냐고 따졌다. 그러나 동두천과 의정부, 그리고 용산과 송탄의 부대찌개집들은 오히려 그런 모멸을 뒤집고 해학과 전 세계 B급

재료의 대동단결을 일개 찌개에 녹여내는 골계미를 창출하고야 말았다.

부대찌개라면, 내가 그 음식과 치른 '크로스 인카운터'를 언급하지 않을 수 없다. 시계는 사십여년 전으로 거슬러 올라간다. 1984년이면 짜장면이 대략 오육백원 했고, 대학등록금이 오십만원이었다. 그리고 그해는 내가 아마도 처음으로 정치적 각성을 시작한 해인 것도 같다. 그래 봐야 신문의 정치면을 유심히 보던 정도였지만. 내 또래 이상이라면 신민당의 총선 압승을 기억할지도 모르겠다. 민주화 열망은 군사정권의 폭압에도 도도한 흐름으로 커져갔고 결국 그 흐름이 나중에 1987년 6월항쟁으로 이어졌다. 기억나는 건 '학생 사형수'였던 이철이 국회의원 선거에 출마, 상복을 입고 유세까지 펼치며 시민들의 환호를 얻어내던 장면이다. 내게 정치란 그렇게 극적이고 약간은 희화적인 기억으로 남아 있다. 우리에게 민주주의란 재미난 마당굿 같은 거였는지도 모르겠다.

고등학교를 막 졸업하고 대학생도 사회인도 아닌 어정쩡한 신분이던 그해 초봄, 나와 친구들은 군대 간 친구를 면회했다. 또래보다 한살 더 많아 일찍 군대에 간 녀석은 갓 이등병이었다. 그때까지도 교련복 바지를 입고 다닐 만큼 주변머리 없고 가난했던 우리는 잔뜩 주눅이 들어 의정부행 터미

널로 향했다. 어쩌면 험난한 군대 생활의 현장을 미리 체험해보겠다는 뜻도 있었으리라. 믿기지 않겠지만 그때는 시외버스에서 언제든 흡연이 가능했다. 심지어 시내버스에서조차 담배를 피우는 할아버지가 적지 않던 때였으니까. 담배를 한대씩 꼬나물고 덜컹거리며 돌고 도는 완행버스를 타고 황량한 병영 지역을 통과했다. 우리는 이내 의정부 외곽의 군부대에 당도했다. 잔뜩 주눅이 든 채 아무도 오가지 않는 부대 정문을 지키는 얼뜨기 이등병이 우리의 미래였다.

아아, 차라리 보지 말 것을. 칼바람 부는 야외 면회소에 쭈뼛거리며 서 있던 우리는 친구 녀석이 연병장 저쪽에서 목각인형처럼 뻣뻣하게 다가오는 꼴을 보았다. 다 해진 오렌지색 '추리닝'은 무릎이 튀어나와 있었고, 손등은 거북 등딱지처럼 붓고 갈라져서 자줏빛을 띠었다. 미구에 닥칠 이등병의 운명을 너무도 생생하게 본 우리는 기가 죽어 담배만 빨아댔다. 그의 표정은 상처 입은 짐승 같았다. 친구들과 만나고서도 눈빛은 부드럽게 풀리지 않고 깊은 경계심으로 가득했다. 이등병의 면회 외출은 금지였지만, 그때까지 가족조차 면회 한번 오지 않은 녀석에게 당직사관이 아량을 베풀었다.

녀석에게 쥐여줄 용돈 약간을 빼면 우리가 회포를 풀 자금이 턱없이 적었다. 값싼 식당을 찾아야 했다. 녀석이 부대 선임에게 주워들은 정보로 물어물어 찾아간 곳이 지금으로 말하면 의정부 명물거리, 그러니까 부대찌개를 파는 동네였다. 지금처럼 그럴듯한 이름은 없었고 기억에는 그냥 부대찌개골목이라고 불렸던 것 같다. 그러나 뭔가 비슷한 업소가 북적이면서 몰려 있는 '○○골목'이라고 하기엔 당치도 않게 허름한 식당 몇곳만이 장사를 하고 있었다. 초라하기 짝이 없는 이등병을 앞세우고 우리는 부대찌개를 시켰다. 분별력이 있는 나이가 아니었다. 이등병에게 '부대'찌개라니. 기왕이면 '사제' 냄새 팍팍 나는 음식을 먹였어야 하는 것은 아니었을까. 그 와중에도 나는 왜 그게 부대찌개라고 불리는지 이해하지 못했다. 그저 도시락 반찬으로 쓰는 소시지와 싸구려 햄 조각이 든 김치찌개에 불과해 보였다. 그러나 그 햄은 밀가루 맛이 나는 '진주햄'과는 다른 녹진하고 기름진 맛을 지닌 특별한 녀석이었다. 햄의 기름이 녹으면서 찌개는 단맛을 냈다.

 옆 테이블에 앉아 있던 병장이 우리에게 농담을 던졌다. 우린 생전 처음 경양식집에서 '비후까스'를 받아든 모양새의 영락없는 촌뜨기들이었으니까.

 "찌개를 잘 뒤져봐요. 이빨 자국 있는 햄이나 소시지가 나올 거예요. 그게 진짜예요. 부대찌개니까. 미군 부대 찌개니까."

우리는 고개를 숙여 그의 충고에 감사를 표하고, 진짜로 숟가락을 들어 일제히 찌개를 뒤졌다. 토미 일병이, 조나단 상병이 씹다 뱉은 햄 조각을 찾으려고 말이다. 나는 그 순간에도 덩치 큰 병사의 어마어마하게 큰 앞니 자국은 어떤 모양일까 상상했다. 삼촌이 씹은 총각무의 이빨 자국 같을까. 아니, 그보다 훨씬 크겠지. 병장이 크게 웃음을 터뜨리고 나서야 농담이라는 걸 알았고 우리는 어설픈 소주 몇잔에 푸하하, 웃었다. 조금 긴장이 풀린 이등병 녀석도 얼굴이 붉어져서 빙그레 미소 지었다.

제대하고 오랜만에 모인 우리는 옛 추억을 씹으며 부대찌개에 소주를 나눴다. 누군가 앞으로 먹고살 걱정을 시작했고, 모두 자못 심각해져서 소주잔만 뒤집었다. 그때 의정부 출신 녀석이 한마디 던졌다.

"부대찌개집을 하면 어떨까. 으흠, 이름은 말야, '이빨 자국 부대찌개'로 하고 말이지. 밑에 카피를 하나 쓰자구. 진짜 미군 부대에서 이빨 자국 소시지가 직송됩니다, 어때?"

녀석은 진심으로 부대찌개를 좋아했고 부대찌개에 관한 논문 한편을 쓸 정도의 실력은 되었다.

"문산식, 용산식, 의정부식⋯⋯ 맛과 스타일이 다 달라.

용산식은 존슨탕이라고 부르지? 60년대에 당시 미국 대통령 존슨이 용산 미8군을 방문한 기념으로 치즈와 소시지, 햄을 넣은 한국식 부대찌개를 먹고는 '존슨탕'이라고 명명했다더군. 솔직히 말도 안 되지? 그래서 용산식은 김치를 넣지 않아 매운맛이 없고 치즈를 넣어 느끼하게 요리한다는 거야. 내 입맛에는 문산식이 최고야. 대파를 넣고 시원하게 끓이는 스타일이지."

이 땅에 미군이 들어오면서 우연히 만들어진 새로운 음식이 한 시대를 풍미한다. 역사는 흘러가고 이제 우리에게는 부대찌개만 남았다. 나는 부대찌개가 부글부글 끓으면 비누와 땅콩버터를 팔던 미제장수 아줌마와 남대문 도깨비시장의 블루리본 캔맥주, 말보로와 켄트 담배 같은 전설이 냄비 가득 피어나는 것을 느낀다. 그 겨울의 의정부 부대찌개가 마음 한편에 서서히 끓기 시작한다.

학교 앞 떡볶이집 사장님, 죄송합니다

한식 세계화 사업을 두고 뒷말이 많았던 모양이다. 사업의 타당성이나 내용은 차치하고, 희화화될 요소가 있었기 때문이다. 떡볶이가 사업의 주요 골자로 등장하면서부터였다. 우리 대중음식의 상징을 외국에 소개하고 판다는 건 훌륭한 발상으로 보이기도 했지만, 논란이 뒤따랐다. 민간 연구소에 떡볶이를 연구하라고 거액의 지원금을 주네 마네 하는 실랑이가 있었고, 멀쩡한 한식 놔두고 왜 하필 떡볶이냐는 비판도 많았다. 비판의 근거는 떡볶이가 '끈적거리고 이에 달라붙는 성질이 있어서 서양인들이 싫어한다'는 것이었다. 그러자 '외국인은 오직 서양인만 있느냐, 일본인이 한국에 와서 가장 좋아하는 게 떡볶이다. 백인만 외국인으로 보는 사대주의다'라는 반론도 제기됐다. 다른 논란도 있었다. 문화 상품으로 수출하자면서 학교 앞 불량식품 추방 목록에는 늘 첫번째로 떡볶이가 오르는 것이었다. 궁궐에서 남아도는 떡으로 정월에나 만들어 먹던 별식이 어쩌다 대중 간식의 대명사가 되고, 국가 홍보 사업의 상징이 되었을까.

떡볶이가 활황세를 타기 시작한 건 물론 1970, 80년대 무렵이다. 학교 앞 문방구나 간이음식점에서 매운 밀가루 떡볶이를 팔면서 엄청난 인기를 끌었다. 당시 이 간식을 이길 품목이 없을 정도였다. 그 시절에 학교를 다닌 이들은 한접시에 이삼십원씩 하던 매운 고추장 떡볶이를 잊지 못하리라. 취재에 의하면 전주 지역에서는 유명 제과점에서도 떡볶이를 팔 정도였단다.

두번째 활황이 찾아온 것은 불황 때문이었다. 스트레스는 많고 돈은 없는 대중이 매운 음식을 찾았다. 그 인기를 선도한 것은 프랜차이즈 떡볶이집으로 각종 브랜드들이 크게 인기를 끌고 전국적 체인망을 갖추었다. '조폭떡볶이'라는 희대의 상호가 홍대 앞을 드나드는 사람들 입에 오르내리기까지 했다. 원래 포장마차로 영업하던 이 가게는 이내 어엿한 점포를 얻어 성업할 만큼 인기를 누렸다.

유행의 첨단을 달리는 서울 압구정과 명동에 떡볶이 프랜차이즈점이 들어서기도 했다. 온갖 먹거리가 새로 나오고 시장을 주도하지만, 여전히 우리 간식은 떡볶이와 순대, 어묵꼬치가 선두에 선다. 값이 싸서 누구나 쉽게 사 먹을 수 있고, 세대가 바뀌어도 소비자를 유혹할 만한 요소를 두루 갖춘 음식들이기 때문이다.

그렇다면 이런 매운 떡볶이는 언제부터 먹게 된 걸까. 존 케리 미국 전 국무장관이 통인시장에서 기름떡볶이를 사 먹는 현장이 공개되어 그 떡볶이가 실시간 검색어에 오른 적이 있다. 기름떡볶이는 대세인 매운 떡볶이의 원조 격으로, 간장과 기름을 넣어 '볶은' 음식이다. 여기서 이 음식의 기원을 볼 수 있다. '떡볶이'라는 이름 자체가 바로 전통요리법에 따라 볶는 과정에서 나왔지만 현재의 떡볶이는 볶았다기보다는 그저 버무리고 끓이고 조린 음식이다. 볶았다는 건 고급 음식이었다는 뜻도 된다. 기름이 워낙 비싸고 귀하던 시절이니 떡을 아무나 볶아 먹을 수 없었다. 또 한편으로는 떡이 남아서 볶아 먹을 정도로 살림이 넉넉하지 않으면 불가능한 요리였다는 의미이기도 하다. 우리 궁중요리계의 원조인 황혜성 선생이 쓴 『한국의 요리』(1982)는 모두 네권으로 구성되는데, 『궁중음식』이 별도의 권으로 묶여 있다. 놀랍게도 떡볶이에 관한 내용은 이 책에 들어 있다. 여기서는 우리가 흔히 사용하는 궁중떡볶이라는 말도 쓰지 않는다. 그냥 떡볶이다. 재료도 화려하다. 흰 쌀떡에 표고, 소고기, 참기름이 들어간다. 요즘의 떡볶이에 비해 원가만 열배 이상 나갈 고급 음식이다. 1950년대 이후 미국에서 밀가루 원조를 받아 밀가루 떡볶이가 등장하기 전까지, 이 음식은 여전히 고급일 수밖에 없었다. 1936년 1월 11일자 『동아일보』에는 떡볶이 요리법이 나온다. 황혜성 선생의 궁중요리 레시피와 거의 비슷하다. 같은 신문의 1974년 1월 17일자도 정월의 요리로 떡볶이를 소개하는데, 이때도 여전히 소고기와 버섯을 쓰는 고급품으로 실렸다. 그러니까 매운 밀가루 떡볶이가 대중화되기 시작한 1970년대 중반까지도 '음식다운 떡볶이'는 소고기와 참기름 같은 고급 재료를 쓰는 것이었다는 뜻이다. 이렇게 궁에서 먹던 요리가 차츰 반가로 퍼져나가고, 해방 이후 매운 음식 열풍이 불면서 대중화되었다. 위키백과는 현재의 떡볶이를 이렇게 소개한다.

"한국전쟁 직후에 개발된 음식이다. (…) 1953년에 마복림(1921~2011)이 광희문 밖 개천을 복개한 서울 신당동 공터에서 길거리식당 음식으로 팔던 것에서부터 시작되었다."

고추장 광고에 나와 '며느리도 안 가르쳐주는 비법'을 소개하며 이름을 알린 바로 그 할머니다. 마 할머니가 발명했는지, 아니면 전국적인 유행을 타고 자연스레 퍼져나갔는지 모르겠지만 여러 조건이 맞물려 현대의 떡볶이를 탄생시켰다.

먼저 미국의 밀가루 공급. 미국은 냉전시대 자본주의 세력의 교두보가 된 한국에 아낌없이 원조 물자를 풀었다. 한국전쟁 시기, 그전까지 귀하디귀했던 밀가루가 처음으로 흔해졌다. 조선시대만 해도 밀가루는 양반들의 별식에나 쓰였다. 한반도에서 밀가루 재배가 용이하지 않았기 때문이다. 미국의 개량 밀가루는 엄청난 기세로 한반도에 밀려 들어왔다. 수제비나 소면이 서민 음식이 된 시기이기도 하다. 이런저런 밀가루가 등장하며 '떡은 쌀'이라는 등식을 허물었다. 떡볶이에는 당연히 쌀떡이 들어가야 하던 오랜 요리법을 무너뜨린 것이다. 지금도 기억나는데, 1970년대에 시장에서 파는 밀가루떡은 엄청나게 싸서 거의 공짜에 가까운 값으로, 시장 안에 그런 떡을 뽑는 공장이 두엇 이상 있을 정도였다. 그걸 사다가 많이들 집에서 떡볶이를 해 먹었다. 여기에 고추장 보급도 한몫했다. 밀가루떡은 냄새가 나고 찰기가 떨어져 궁중식으로 간장과 고기에 볶으면 맛이 떨어진다. 오히려 싸구려 공장 고추장에 버무려야 제맛이다. 간장, 고추장, 된장을 사 먹는 풍조가 시작된 1960년대 이후 대부분의 가정이 비닐봉지에 든 싸고 달콤한 고추장을 사 먹었다. 저렴한 밀가루와 공장 고추장이 시장을 장악해나갔고, 거리의 떡볶이에 에너지를 공급했다. 우리의 추억 속에 영원히 남을 매운 떡볶이는 이렇게 국제정치사의 한 축에서 비어져나온 음식이었다. 남북분단, 한국전쟁, 그리고 미국의 원조로 이어지는 이 땅의 역사가 낳은 음식인 셈이다.

중학교를 다닐 때 학교 올라가는 길이 아주 길었다. 이른바 '악명의 계동길'이었다. 지각을 면하기 위해 이 길을 뛰어서 교사 앞까지 도달하는 건 영국식 1마일 경주에 버금갔다. 책가방 옆에 끼고 언덕길을 오르면 교사가 보일 즈음 탈진했다. 하굣길에선 온갖 야바위 아저씨들의 유혹을 견뎌야 했다. 긴 고무줄 찾기나 김일성 혹 맞히기 같은 놀이가 아이들 주머니를 털었다. 겨우 그 유혹을 피해 내려오면 기어이 버스 회수권을 팔아야 했다. 즐비한 떡볶이집을 그냥 지나칠 수 없었기 때문이다. 대개는 그냥 길가에 서서 막 볶아낸 떡볶이를 먹었다. 채 익지도 않은 떡볶이를 입에 넣고 대충 삼켰다. 열개를 먹고 아저씨가 물으면 다섯개라고 거짓말했다. 아저씨도 아마 알았을 것이다, 대부분의 아이들이 다 그랬으니까. 그 아저씨에게는 그저 배고픈 아이들에게 떡볶이를 먹여야 한다는 의무감이 있었을지도 모른다. 그럴 리 없겠지만 그렇게 믿고 싶다. 추억은 그런 것이니까.

라면이 좋아

1975년 12월 8일자 『매일경제』 1면 왼쪽에 박스 광고가 하나 실렸다. '후라이보이 곽규석'이 코믹한 표정을 짓고 있는 '농심라면' 광고였다. '삼양라면'이 일본에서 기술을 도입해 한국에 라면 시장을 연 지 십이년 만의 일이었다. 이때부터 한국에 본격적인 인스턴트 라면 시대가 열린다.

농심라면의 등장은 충격적인 기억으로 남아 있다. 당시 그 회사 이름은 '롯데공업'이었을 텐데, 농심라면 이전에 이미 '소고기라면'이라는 빨간색 포장지의 라면을 팔고 있었다. 우리 어머니는 라면을 좋아하지 않았지만, 아이들이 넷이나 되니 간식거리로 라면을 제법 준비해놓곤 했다. 롯데 소고기 라면은 다섯개들이 덕용(德用)으로 찬장에 자리했다. 그러나 아무래도 그때는 삼양라면이 '메이저'였다. 노란색의 닭고기 맛 라면도 기억나는데, 이후 전통의 주황색 포장지로 바뀌었다. 내 기억으로는 당시 삼양라면이 이십원쯤 했다. 중국집에서 짜장면이 오십원인가 하던 시절이니 대단히 비싼 가격이라고 할 수 있겠다. 하지만 라면은 정말 지독히도 값이 오르지 않은 식품이다. 여전히 천원 남짓한 값에 한끼 분량을 살 수 있다.

농심라면은 무척이나 파격적인 광고 마케팅 전략을 썼다. 잘 나가던 코미디언 구봉서와 곽규석을 내세워 신문과 텔레비전에 광고를 쏟아냈다. 우리는 그 광고 장면을 흉내 냈다. 두 사람이 그릇에 담긴 라면을 서로 양보하다가 결국 동생인 곽씨가 라면을 먹게 되자 구씨가 크게 아쉬워한다는 코믹한 스토리다. 지금 보면 별거 아닌 콘티인데 그때는 시선을 엄청나게 끌었다. 집에서 친구들과 라면을 끓여 먹을 때면 대부분 이 장면을 재연하면서 놀았다고 해도 과언이 아니다. 그러다가 라면 국물을 쏟아서 엄마한테 얻어터지기도 하고.

이 라면 포장지에는 한복을 입은 농사꾼 형제가 등장한다. 우애 좋은 형님과 동생이 밤새 볏단을 서로에게 얹어 주다가 날이 샜다는 옛이야기에서 착안한 광고다. 누렇게 둥실 뜬 달 아래 농사꾼 형제 그림이 그려져 있다. 얼마나 인상적이었던지 그 포장지가 지금도 눈에 선하다. 사람의 기억에는 여러가지 이미지가 남기 마련인데, 내 기억 속 이미지에는 세장의 라면 포장지가 있다. 하나는 '클래식'이라고 부르는 삼양라면, 그리고 농심라면, 마지막으로 '청보라면'이다. 청보라면! 1980년대 중후반에 등장했다가 사라진 라면이다. 청보라면을 만들던 '청보식품'은 신생 업체로 활발하게 마케팅을 했지만 기존 기업들의 높은 벽을 넘지 못했다. 그 라면이 인상적인 이유는 군대에서 보급품으로 지급되었던 탓이다. 아마도 저렴한 값에 군납 입찰을 했을 것이다. 군 복무 시절 일요일 아침 메뉴는 라면이었다. 지금처럼 라면이 간식으로 자주 지급되는 때가 아니어서 그날 외에는 라면 맛을 보기 어려웠다. 식사집합을 해서 이동하다보면 멀리 식당에서 풍겨오던 라면 냄새! 매일 맡는 기분 나쁜 찐 보리쌀 냄새와 달리 어찌 그리도 군침이 돌던지. 군대 라면은 끓이는 것도 아니었다. 면은 다단식 취사기에 넣어 찌고 스프는 뜨거운 물에 풀어서 따로따로 배식했다. 그냥 끓이면 불어서 먹을 수가 없기 때문이었다. 그러거나 말거나 정말 꿀맛이었다. 입 짧은 고참병들은 투덜거리며 후임들에게 라면을 몰아주었다. 내가 졸병일 때는 한끼에 다섯개는 좋이 먹은 것 같다.

당시 농심라면의 포장지는 무척 인기 있었다. 무표정한 단색의 포장지가 아니라 만화 같은 그림이 들어가 알록

달록했기 때문이다. 그때 라면 포장지는 쓰임새가 다양했다. 엮어서 냄비받침으로 쓰고, 생활 소품들을 담아서 보관하는 봉투로도 썼다. 결정적으로 도시락 반찬통을 싸는 데 최고였다. 반찬통에는 늘 국물, 특히 김칫국물이 흐르기 일쑤여서 라면 봉지는 요긴했다. 아이들이 도시락을 꺼내면 김칫병—맥스웰하우스 커피병이 인기였다—은 흔히 라면 봉지에 싸여 있었다. 김칫병을 봉지에 넣고 검정색 고무줄로 둘둘 말아 가방에 세워서 가져오는 게 기본이었다. 더러 만원버스에서 김칫병이 누우면 국물이 쏟아져서 낭패를 보는데, 라면 봉지는 그런 대형사고를 미연에 방지해주었다. 그래도 불안하면 이중으로 안전장치를 했다. 먼저 라면 봉지를 커피병 주둥이에 여러겹 접어 얹고 금속 뚜껑을 닫으면 꽉 물리면서 밀봉 효과를 냈다. 그걸 다시 라면 봉지에 싸서 이중 자물쇠처럼 국물을 차단했다. 그렇게 농심라면은 여러모로 인기가 높았고 이 라면은 회사의 효자 상품이 됐다. 얼마나 히트했는지 아예 회사 이름이 농심으로 바뀌는 계기가 되지 않았나.

 1971년 도하 일간지에는 일종의 캠페인 광고가 1면에 연속적으로 실렸다. 삼양사의 광고였는데, 라면 맛이 아니라 식품으로서의 우수성을 강조하는 내용이었다. 한줄의 선명한 슬로건이 눈길을 끌었다.

"라면은 제2의 쌀입니다!"

인스턴트 라면은 알려진 대로 1958년 일본 닛산식품이 처음 세상에 선을 보였다. 전후 복구를 거쳐 경제발전에 나선 일개미 일본인에게 인스턴트 라면은 경이로운 존재였다. 일일이 국수를 밀거나 공장 국수를 사더라도 적어도 국물을 내야 한그릇의 면을 먹을 수 있었던 시대에 그저 봉지를 뜯고 끓이면 완성되는 요리는 그야말로 혁명이었다.

삼양식품에 의해 1963년에 한국에 도입된 라면은 좀 다른 얼굴과 표정을 지니게 되었다. 그때 한국은 심각한 쌀 부족 상태였다. 나중에 통일벼를 육종, 보급하게 된 계기도 그 때문이었다. 쌀은 곧 정치였다. 당시 혼분식을 장려했다고 하는데, 엄밀히 말하면 장려가 아니라 거의 강제적 통제였다. 공교롭게도 삼양라면이 한국에 등장한 1963년, 당국은 강력한 행정조치를 시작한다. 법적 근거도 없었다. 식당에서 점심에 쌀밥을 팔면 영업정지 등의 조치를 취한다는 내용이었다. 오전 11시부터 오후 4시까지 분식만 팔아야 했다. 이에 대해 한 신문은 장안의 유명한 한식당인 '한일관'의 입장을 이렇게 썼다.

"쌀밥을 못 팔게 하니 온면, 냉면, 만둣국을 점심에 팔고 있다. 그러나 이렇게 되면 메밀과 밀가루 가격이 오를 것이다."

그 시기의 신문들은 대개 낙망하고 어수선한 사회 분위기를 전했다. 쌀 부족 상태이니 혼분식은 어쩔 수 없지만 쌀밥 판매 금지는 너무한 처사 아니냐는 투다. 아마 당시 라면이 보급되었더라면 그 정도로 낙망하는 분위기는 아니었을지도 모른다. 라면은 사람들의 입맛을 빠르게 사로잡으면서 쌀 부족과 혼분식 강제에 따른 사회적 불만을 잠재우는 효과를 가져왔다.

라면 얘기가 나왔으니 말인데, 사람들의 몇가지 오해는 풀고 가자. 라면에 방부제가 들어 있다는 말은 틀린 얘기다. 인스턴트 라면은 수분 함량이 낮아서 미생물이 번식할 수 없기 때문에 굳이 방부제를 넣을 필요가 없다. 허가된 방부제는 인체에 무해하지만, 그래도 찜찜해하는 사람들이 있어서 덧붙이는 말이다. 라면을 먹고 얼굴이 붓는다는 말에도 과학적 근거가 없다. 다만 김치를 많이 곁들이면 짜게 먹게 되어 물을 양껏 들이켜니 결국 다음 날 얼굴이 부을 수는 있다. 이 밖에 라면이 비만을 유발한다는 속설도 사실이 아니다. 라면 한개의 칼로리는 웬만한 한끼 식사의 70퍼센트 선에 머문다.

글을 쓰다보니 밤이다. 라면 하나 끓였다.

소시지,
분홍 소시지

내 친구 한정곤이는 고향이 전남 고흥이다. 언젠가 그와 우유를 나눠 마시다가 그가 왜 우유에 포한이 맺혔는지 들었다. 그는 매우 결연한 어조로 그 비화를 이야기해주었는데, 그의 숙연한 태도와 달리 나는 웃음이 터져나와 민망했던 기억이 있다.

"국민학생 시절이야. 어느 날 축구부 코치가 선수들을 데리고 라이벌 학교로 견학 갔어. 그러고는 외쳤지. '보아라!' 손가락으로 저 멀리, 산 아래 그 학교를 가리켰어. 학교 주변 초지에 젖소가 뛰놀고 있었지. 코치는 몹시 흥분했어. '우리도 열심히 하면 저 아이들처럼 매일 우유를 마실 수 있어!'"

그 라이벌 학교는 축구대회에서 우승하여 부상으로 젖소를 받았다. 그 학교 선수들은 매일 우유를 마시면서 열심히 연습했다. 우유는 내 친구에겐 꿈과 열망의 음료였다. 축구대회 우승을 위해, 아니 공짜 우유를 매일 마시기 위해 그는 열심히 공을 찼다. 그러나 끝내 우유를 맘껏 마실 수 없었다. 우승을 하지 못했기 때문이다.

나는 허리를 꺾고 웃었지만, 이내 그 친구의 비장미 어린 회상에 동조했다. 밍밍한 우유를 마시면서, 친구와 그 동료들이 코치의 독려에 주먹을 불끈 쥐고 라이벌 학교의 젖소 떼를 보는 광경을 상상해보았다. 변변치 못한 시골 학교 축구부 소년이 축구화 대신 검정색 천 학생화를 신고 죽도록 모래 운동장을 뛰는 장면이 자연스레 떠올랐다.

나로 말할 것 같으면 꿈과 열망의 식품은 우유가 아니라 '소세지'였다. 소시지라고 써야 맞지만 옛날에 부르던 대로 쓰고 싶다. 그래야 진짜 식욕이 돋기 때문이다. 소세지는 도시락 반찬이자 학교 앞 문방구에서 파는 엉터리 핫도그의 내용물이었으며 군대서 지급받는 군용식품이기도 했다. 당시 인기 절정의 신동우 화백이 『새소년』과 『학생중앙』에 실리는 '진주햄 소세지'의 광고 만화를 그렸다. 진주햄 소세지를 먹으면 공부와 운동도 잘하고 부모님께 효도도 한다는 뭐 그런 내용이었는데, 어린 마음에 나도 소세지를 먹으면 효도할 수 있을 것만 같은 생각이 들었다. 그러니까 뒤집어 얘기하면 소세지를 먹지 못하니 효도도 못한다는 울분에 몸서리를 쳤던 것이다. 나는 겨울에 병든 부모님 수발을 위해 저수지 얼음을 뚫고 들어가서 잉어를 잡자면 우선 수영을 배워야겠다고 생각했었고, 이내 수영을 배울 형편이 아니라는 사실에 절망하던 소년이었다. 우리 어머니는 내게 소세지 반찬을 싸주지 못했다. 그 대신 동물성지방을 보충해주기 위해 돼지껍질을 삶아서 고추장에 버무려 챙겨주셨다. 하얗게 굳어서 딱딱해진 돼지껍질은 입에 넣고 씹으면 이내 따뜻해져서 흐물흐물 녹았다.

 밀가루 소세지를 원 없이 먹은 건 군 복무 시절이었다. 일종창고 사역을 하면 군납 소세지를 두어자루 받을 수 있었다. 일종계 선임은 나더러 덩치가 크니 쌀을 두가마씩 지라고 했고, 어느 날 발을 헛디딘 나는 허리께가 쥐어짠 빨랫감처럼 뒤틀리고 말았다. 아무리 청춘이라고 해도 쌀 120킬로그램은 무리 아닌가. 그 덕에 지금도 허리병을 달고 산다. 그놈이 내게 준 것이 소세지 두자루였다. 그렇게 얻은 소세지를 국방색 깡통에 든 맛없는 딸기잼에 찍어 먹었다. 굵직한 분홍색 소세지에 새빨간 딸기잼이 묻은 꼴은 꽤 볼썽사나웠다. 소세지에 딸기잼이라니.

 그 빌어먹을 소세지는 내가 제대할 때 후임들이 술안

주 하라고 끓여놓은 잡탕찌개에도 들어갔고 휴가 가는 보급계 놈들의 '따블백'에 열댓자루씩 담겨 나가기도 했다. 그렇게 먹을 게 없던 시절이었다.

　반쯤 미치지 않았었나 싶다. 요리학교를 마치고 시칠리아로 실습을 가겠다고 손을 번쩍 들었던 건 말이다. 아무도 시칠리아 같은 데를 가려고 하지 않았다. 실제로 마피아가 무서워서 싫다는 요리학교 동기들도 많았다. 그러나 실상은 마피아들이 일진마냥 '삼선 쓰레빠'를 신고 베스파를 붕붕 몰면서 동네 마실 다니는 곳이라고 생각하면 된다.

　일이야 늘 힘들었다. 유명 요리사 에드워드 권이 미국에서 열여섯시간씩인가 일했다고 했는데, 문명국가에서 그러는 건 할 만하다. 수도 로마보다 아프리카 대륙에 더 가까운 시칠리아에선 시간 따위는 재지 않는다. 일이 끝나면 끝나는 거지 뭐, 이런 분위기다. 오줌도 바쁘면 못 싸고—대부분 땀으로 흘려서 화장실 갈 일이 없기는 하다—월급도 주는 대로 받는다. 그런 환경에선 유일한 낙이 대개는 처먹는 것이 된다. 먹는다는 말에 '처'라는 접두사를 붙이면 먹는 일에 교양 따위는 없는 상태를 말한다. 교도소, 군대, 시칠리아 주방의 공통점이라면 시키는 대로 일하고 내키는 대로 처먹는다는 점이다. 나로 말할 것 같으면 주로 소세지를 먹었다.

지긋지긋도 하다, 그놈의 분홍 소세지! 다행인 건 이탈리아 소세지는 품질이 아주 좋다는 점이었다. 통통하고 고기 맛이 담뿍 배어 있으며—밀가루 같은 건 안 들었다—씹으면 뽀드득뽀드득하는 식감이 있는 진짜 '소세지'였다. 통통한 몸통 안에 재료를 얼마나 가득 넣었는지 익히면 옆구리가 툭툭 터졌다. 진짜 소세지는 열받으면 그렇게 옆구리가 터진다. 익히면 흐물흐물하게 덩어리지는 밀가루 소세지와는 천양지차다.

나는 나름으로 소세지 먹는 법을 터득했다. 우선 리소토용 쌀을 훔쳐서 요리사들이 다 퇴근한 후에 밥을 안친다. 리소토용 쌀은 껍질을 홀랑 깎은 게 아니어서 맛이 거칠다. 물을 넉넉히 잡아 천천히 익힌다. 뜸을 들일 무렵, 소세지를 올린다. 옆구리 터지는 소리가 들린다. 그대로 잘 익도록 밥 짓는 냄비 뚜껑을 묵직한 구리냄비로 눌러주면 아주 맛있는 소세지밥이 되었다. 소세지 속 기름이 좍좍 배어 밥에 윤기가 좌르르 흘렀다. 아아, 이젠 누가 줘도 안 먹는 소세지를 탐하던 쓸쓸한 시절이다.

결핍은 우리의 혀를 변화시킨다. 나는 요리가 막힐 때 그 시절의 소세지와 소시지, 그리고 내 친구가 그리워하던 우유를 생각한다. 뭔가 모자란 상태의 요리를 본다. 그러면

요리의 그림이 선명하게 그려지곤 한다. 또렷하게 떠오르는 맛 하나를 중심에 놓고 요리를 구상하기 시작한다. 결핍이 원하는 '단 하나'를 드러내어 보는 것이다. 때로는 조금 모자라도 괜찮다.

을지로에서
혼자 마시기

　벚꽃은 다 떨어졌고, 마음에 그림자가 짙었다. 혼자 술 마시기 좋은 철이다. '비대면'이라는 유행어는 술잔 개수마저 하나로 만든다.
　한때 자주 혼자서 마셨다. 페이스 조절도, '대면'한 상대의 심기를 읽을 필요도 없어 좋았다. 안주에 집중하며, 혹은 아직 읽지 않은 조간신문을 펼치며 조용히 술을 들이켰다. 신문이 잘 팔리던 과거에는 신문 한장을 사서 종로 뒷골목 술집으로 가곤 했다. 급하게 발효시킨 막걸리의 생쌀 냄새와 신문지 잉크 냄새가 어울린다고나 할까. 그것을 1980년대의 냄새라고 명명해도 될 것 같다. 미묘한 긴장과 흥분이 흐르던 세상이었다.
　피맛골을 아직도 기억하실려나. 광화문 교보문고 옆 뒷

골목에서 시작해 이문이라는 조선시대 한양의 검문소가 있던 동네로 이어지는 거리. 피맛골은 종로대로를 기준으로 상(上)피맛골과 하(下)피맛골로 나뉘었다. 상피맛골도 좋았지만 이제는 흔적이 거의 사라지고 공평동까지 이어지는 작은 골목만 남았다. 그 공평동 골목에는 상피맛골에서 이사온 열차집이 있다. 이 골목에서도 열차집은 잘 어울린다. 마치 오십년은 그 자리에 있었던 것처럼. 빈대떡을 기가 막히게 부치던 주인 아주머니는 이제 연로하여 거의 출근하지 않는다. 가게 앞에서 헌책을 늘어놓고 파는 아저씨와 담소를 나누던 주인 아저씨도 지금은 보이지 않는다. 가게 앞 헌책 좌판에서 나는 이소룡의 『절권도』를 샀었다. 일본 책을 무단복제해서 팔던, 1970년대의 유산. 이소룡이 이름을 날리던 오래전, 학생들은 책을 사서 독학으로 무술을 연마했다. 그림을 보고 따라 한다고 무예가 붙을 리 만무했을 텐데도.

하피맛골은 흔히들 보쌈골목으로 기억한다. 하지만 난 보쌈집들보다 사이사이 붙어 있는 대폿집과 백반집을 더 좋아한다. 딱히 주종목이랄 것도 없이 뭐든 만들어 파는 집. 콩나물과 어묵볶음과, 여름에는 열무김치를 주는 집. 말 잘 하면 달걀프라이를 지져주는 집. 그런 대폿집에서 혼자 마시고 가게 밖을 나서면 골목 하늘로 손바닥만 한 밤이 슬쩍 다가서 있곤 했다.

한편 충무로의 진양꽃상가, 그러니까 왕년에 월급쟁이들이 바글거리던 시대에 생선구이집들이 잔뜩 몰려 있던 골목이 있다. 점심때는 이 골목을 걸어서 지나가기만 해도 옷에 고등어 냄새가 진하게 밸 정도였다. 그 골목에 내가 다니는 술집들이 꽤 있다. 마침 이곳은 인현시장이라는 오래된 시장 옆에 붙어 있어서, 시장통이 어디나 그렇듯 싸고 맛있는 술집 밥집이 지천이었다. '잊지마식당'은 옛날 생선구이골목 시절부터 생선을 굽던 가게다. 이 일대 식당에서는 백반상에 막걸리나 소주를 한병 시키면 곧장 술상이 된다. 백반용 된장을 시켜서 술을 마셔도 되고 몇 안 되는 안주를 시켜도 된다. '잊지마식당'에선, 백반집이 다 그렇듯 그냥 가스 불판에 삼겹살을 구울 수도 있다. 나는 생선구이를 시킨다. 딸려나온 반찬에 막걸리를 반되 정도 마셨다 싶을 즈음에 메인 요리가 나온다. 천천히 구워서 천천히 나오는, 맛도 좋고 양도 충분한 삼치다. 소금 간이 들쑥날쑥한 것은 백반집에서 흠이 아니다. 생선 큰 토막에 반찬이 깔리니 막걸리 세병을 먹고도 남는다. 촉촉하게 구운 삼치가 지겨우면 고등어를 먹어도 되고, 찌개를 시켜도 좋다.

을지로와 충무로 일대에서 대히트를 친 '업종'이 있다.

영업 방식이랄까 가게의 탄생 비화랄까 하는 걸 공유하는 가게다. 이른바 '가맥'이라고도 할 수 있다. 구멍가게에서 탁자 한두개 놓고 간단한 안주를 팔다가 본업인 구멍가게는 접고 아예 식당으로 나선 경우를 말한다. 유명한 을지로골뱅이 원조집들도 그렇게 탄생했다. 그런 몇몇 가게들이 이 동네에서 유명하다. '성원식품'도 그런 집이다. 이 집은 전형적인 백반집이나 잔술집 분위기인데 엉뚱하게도 엘에이갈비를 구워 판다. 품위 있는 주인 아주머니가 가게 밖에 설치한 불판에서 정성껏 고기를 굽는다. 반찬과 청국장이 정갈해서 굳이 고기를 시키지 않고 혼자 앉아 낮술을 먹는 게 더 낫다고 생각하지만, 저녁이 되면 다들 갈비를 주문해서 골목이 연기로 뿌얘진다. 얼마나 양념을 잘했는지 고기가 야들야들하다. 막걸리에 엘에이갈비라니.

언제든 이 거리는 재개발될 운명이다. 아마도 80년대의 추억은 그렇게 사라지고 말 것이다. 21세기와는 당최 어울리지 않아 보이는 백반집과 막걸리 한잔의 기억처럼.

안녕, 맥도날드!

두 장의 빵 사이에 고기가 끼워져 있다. 그게 햄버거의 핵심이다. 빵에 뭘 끼워 먹는 풍습은 샌드위치라는 음식으로 이미 유럽과 미국에서 오랫동안 존재해왔다. 샌드위치에는 보통 햄을 끼운다. 그건 '구운 고기'가 아니다. 샌드위치는 차가운 음식이다. 구운 고기, 그러니까 스테이크는 접시에 놓고 소스를 뿌려 먹는 정찬을 의미했다. 아무나 먹을 수 없는 메뉴였다. 빵은 소스와 고기의 즙을 닦아 먹는 용도였다. 오랫동안 서구에서 스테이크(소스를 친!)는 꿈의 음식이었다. 빵 사이에 구운 고기가, 그것도 소스까지 발라져서 저렴하게 팔린다는 것은 당시로서는 충격적인 발상이었다. 그리고 그것이 미국을 바꿨다. 빵도 아니고 스테이크도 아닌, 제3의 음식 햄버거의 탄생이었다.

한국인에게도 빵 사이에 고기가 들어 있다는 건 놀라운 일이었다. '사라다'빵과 딸기잼이나 땅콩잼을 바른 식빵이 세련된 빵 대우를 받던 1970, 80년대에는 더욱 그랬다. 아아, 어둠으로 시작한 시대가 컬러 텔레비전의 등장과 함께 삶에 색깔을 입히던 때였다. 사람들은 민주화에 목이 말랐고 더 나은 삶이란 무엇인지 고민했다. 80년대 중반이 넘어갈 무렵 사람들은 정치에 목청 높여도 된다는 걸 알았다. 대한민국은 변하고 있었다. 식탁에 올라오는 음식도 마찬가지였다. 고기를 더 흔하게 먹을 수 있게 되었다. 여기에 햄버거가 불을 지폈다. 이렇게도 고기를 먹을 수 있다고. 그렇지만 그것은 고기도 빵도 아니요 그 이상의 존재였다. '미국의 무엇'이었다.

친구들은 어쩌다 부모님과 외식을 나가서 햄버거를 먹고 오면 학교에서 그 식감과 맛을 생생하게 자랑했다. 햄버거는 훗날 패스트푸드 왕국 소속이 될 피자와 함께 위대한 미지의 음식으로 다가왔다. 햄버거, 먹어보기 전에는 알 수 없는 암호 같은 말이었다. 우유 말고도 밀크셰이크라는 음료를 마신다는 사실도 놀라웠다. 나중에 마셔본 밀크셰이크는 보글거리는 작은 거품으로 가득 차 감미로웠으며 '미국의 맛'이 났다. 70년대 텔레비전에서 보던 미국 드라마 같은 맛이었다.

음식이란 대개 그렇기는 하지만 햄버거는 한층 강렬하

게 향으로 압도한다. 햄버거 가게에서는 우리가 그때까지 음식에서 맡아오던 것과는 다른 냄새가 났다. 그건 은유적으로 보자면 동경과 갈망의 냄새였다. 당시 우리 같은 청소년에게 햄버거는 음식 이전의 어떤 상징이자 욕망이었다. 햄버거를 실컷 먹어보고 싶었고, 햄버거 가게에서 '크루'가 되어 일하는 꿈을 꾸기도 했다. 크루가 되기 위해 메뉴 이름과 '로저!'를 복창하는 훈련을 받고 온 친구는 마치 우리에게는 멋진 배의 선원 같아 보였다. 그 친구는 우리가 방과 후 가게로 우르르 몰려가면 일부러 더 큰 목소리로 "투 버거"와 "로저!"를 외쳤다. 친구의 상기된 표정이 지금도 잊히지 않는다.

　기름기가 가볍게 도는 폭신한 빵, 짙은 색의 소스가 뿌려진 구운 고기, 아삭한 토마토. 입에 넣으면 고기는 부드럽게 부서졌고 빵의 입자는 입안을 가득 채우며 흩어졌다. 목이 살짝 뻑뻑하면 밀크셰이크를 마시는 것이 포인트였다. 키 큰 미국인처럼 종이 포장지 밖으로 나란히 줄을 서는 감자튀김은 황금빛으로 빛났고, 이미 고여 있는 침에 씹을 새도 없이 넘어갔다. 케첩은 감자튀김을 위해 태어난 소스였다. 우리는 카운터에 가서 몇번이고 케첩을 받아 왔다. 그때마다 크루가 웃는다는 걸 알아챈 아이도 있었다. 웃는다고! 귀찮아하지도 않고 말이야!

'맥도날드'가 서울 압구정동에 생겼다. 1988년의 일이다. 이미 미국과 일본의 여러 브랜드가 한국에 상륙했다가 대개는 실패한 뒤였다. 미국의 대표 브랜드치고는 상당히 늦게 한국에 온 셈이었다. 국내 1호점 맥도날드는 금세 성지가 됐고, 압구정동은 젊은이들이 일년 내내 찾는 곳이 되었다. 이층짜리 맥도날드 건물은 노란 상징물과 간판으로 도도하게 서 있었다. 사람들은 마치 오래전부터 그래왔던 양 '압구정 맥도날드 앞'에서 만났다. 핸드폰이 없던 때였다. 건물 밖에 붙은 메모판에 빼곡하게 종이 메시지를 남겼다.

"○○아! 호화반점이나 노바다야키로 간다. 얼른 와!"

햄버거를 먹지 않아도 그 건물 앞에 갔다. 압구정의 상징이었다. 사람들은 이내 더 줄여서 '압구정 맥 앞'에서 보자고 말하기 시작했다. 만나기로 한 애인은 삐삐를 쳐도 답하지 않고, 그렇게 바람을 맞기도 했을 것이다. 그랬던 압구정 맥이 놀랍게도 거짓말처럼 사라졌다. 본래 햄버거가 한국인들에게 현실적인 음식이 아니었던 것처럼, 압구정 맥은 철수함으로써 이제 비현실적인 기억에서만 존재한다.

압구정의 골격은 변하지 않았지만 옛날과는 다른 동네가 되었다. 햄버거하우스는 많지만 그 시절의 맥이 없기 때문일까. 사람들도 과거처럼 몰려오지 않는다. 메모판은 사라졌고 핸드폰을 든 이들 누구도 하염없이 일행을 기다리지 않는다. 그렇게 맥은 전설이 되었다고나 할까. 우리의 기억에는 아직 그 맥이, 빅맥과 밀크셰이크와 한번도 먹어보지 못해서 지금도 어떤 음식인지 모르는 '휠레-오-휘시'(그 당시 표기)가 남아 있다. 그건 맥도날드가 준 관계의 기억이다. 안녕, 압구정 맥!

음식은 추억에 색채를 입힌다

얼마 전 베트남 하노이 북쪽의 작은 도시에 다녀왔다. 나는 이런 곳을 여행할 때 곧잘 흥분한다. 골목에 밥 짓는 연기가 피어나고 어머니가 언제든 큰 소리로 내 이름을 부르며 밥 먹으라고 외칠 것 같은 마을이 있기 때문이다. 널리 알려진 서구의 유명한 관광지가 아닌 이런 작고 덜 알려진 장소를 찾는 것은 기억 때문이다. 잃어버린 기억을 찾는, 어쩌면 시간을 되돌리는 작업. 그것이 결국 허망함으로 끝맺을지라도. 나는 떠난다.

새벽에 문을 연 하노이 소도시의 재래시장에는 아주머니들의 억센 삶이 있었다. 내가 살던 서울 변두리 동네의 사십여년 전이 그랬듯이. 시끄러운 호객 소리와 좁은 시장 골목을 질주하는 오토바이들의 소음으로 가득 찬, 이제 서울 같은 도시에서는 볼 수 없는 장면들이 흐르고 있었다. 닭전에 눈길이 머물렀다. 수십년은 썼을 듯한 두툼한 고목 도마와 중국식 식칼, 그리고 구멍이 숭숭 뚫린 대나무 보호망 안에서 멀뚱히 눈을 굴리는 닭들. 우리는 이제 보기가 어려운 광경이었다. 닭들은 깨끗하게 옷을 벗고, 목과 발이 잘리운 채 얌전히 플라스틱 랩에 싸여 마트에 진열되어 있을 뿐이니까. 사실 그런 진열대 앞에서는 생명과 죽음 사이의 어떤 긴장과 간격조차 느낄 수 없다. 그러나 베트남의 이 시장에서는 살아 있는 닭의 최후의 순간이 여전히 목도되고 있었다. 손님으로 온, 머리에 전통 삿갓을 쓴 여인이 한참을 고민하며 닭을 골랐다. 비음 강한 베트남어가 한참 오고 갔다. 닭전의 사내는 손님이 고른 닭 몸통을 움켜쥐고 번개처럼 목을 쳤다. 어렸을 때 내가 보았던 닭전에서의 모습과 같았다.

아마도 아버지가 특별히 '간조(품삯)' 받았을 때나 사오셨을, 전기구이 통닭의 기억이 뚜르르 훑고 지나간다. 사십 몇년 전의 일이겠다. 아버지는 심야에 합승택시를 타고 오면서 닭을 품 안에 품었다. 그것이 아비의 마음이었으리라. 닭이 집까지 따뜻하게 당도하길 바라는. 혼곤한 밤에 어머니의 재촉에 깨어난 나는 코를 자극하는 기름 냄새에 벌떡 허리를 세웠다. 그 냄새는 지상의 어떤 요리로도 대체할 수 없는 강렬한 유혹이었다. 바삭한 껍질, 식었지만 그런대로 꿋꿋하게 씹히던 고소한 살점. 닭다리 하나를 두고 벌이던 형제들과의 신경전. 사각사각한 무와 갈색 휴지. 기름이 흘러나오지 않도록 닭을 감쌌던 안쪽의 비닐 포장. 하얀 비닐 손잡이가 달린 노란색 통닭 봉투 겉으로 삐져나온 기름이 추상화처럼 번진 모습까지. 나중에 나이가 들어 통닭을 볼 때마다 그 기름기가 다시 시야에 가득 차곤 했다.

내 어린 시절만 해도 달걀은 저렴한 식품이 아니었다. 그러니 닭은 오죽했을까. 아버지가 전기구이 통닭을 사 오신 건 다 해봐야 서너번 정도였다. 귀한 닭으로는 주로 양을 넉넉히 만들 수 있고 값도 싼 백숙을 해 먹었다. 물을 넣고 삶는 일이 백숙 요리법의 전부였다. 도리탕이니 하는 요리보다 국물이 넉넉해 더 많은 식구들이 더 배불리 먹을 수 있는 요리였다. 게다가 품이 적게 들었다. 준비물로는 그저 양은솥과 고기를 해체하여 올릴 큰 쟁반 하나만 있으면 되었다. 양념이라곤 마늘 열댓쪽과 소금이 전부였다.

부엌 연탄아궁이에서 백숙이 끓는 동안 나는 김을 뿜어내며 들썩이는 양은솥 뚜껑을 오래도록 바라보았다. 솥에서 갓 꺼낸 닭은 몹시 뜨거웠고, '한 김 빠지기 전' 부들부들한 상태에서 아버지의 작업이 시작되었다. 아버지는 닭을 갈기갈기 찢는 '대분할'을 했다. 그 토막을 새끼들이 잘 먹을 수 있게 손으로 잘게 뜯어내는 '소분할'은 어머니 몫이었다. 아아, 눈물겹고도 그리워라. 재잘거리며 고기를 입에 넣던 형제자매들. 자식들을 바라보며 흐뭇한 표정을 짓던 아버지와 어머니.

    음식은 추억에 색채를 입힌다. '옛날'이라는 수식어를 가장 자주 가져다 쓰는 것도 음식 파는 장사꾼들이다. 옛날 옷이나 옛날 집이라는 말은 흔치 않아도 옛날 짜장과 옛날 국수는 입맛을 당기게 한다. 우리는 그런 호소에 깊게 반응한다. 음식은 추억이고, 누구 말마따나 추억의 절반은 맛이다.
    이런 글을 쓰는 일은, 불땀이 센 화력으로 닭국을 끓이는 일처럼 가슴을 덥힌다. 그것이 때로 뜨거운 눈물이 되곤 하지만.

새로 쓴 작가의 말

'새벽에 깨어 허기가 밀려들었다. 동치미를 꺼내 찬밥을 말았다. 참기름 한방울을 떨어뜨렸다. 바람은 차고 아귀 같은 마음은 여전하였다.'

유기에 담은 김치말이밥이었다. 사진을 한장 찍어서 SNS에 올렸다. 그 새벽에도 깨어 있는 친구들이 댓글을 달았다. 어떤 이는 "아아, 맛있겠다" 하고 썼다. 한 후배는 "난중일기 같아요" 하고 웃었다. 나도 모르게 이순신 장군 흉내를 내고 있었구나. 나는 댓글을 달았다.
"난은 난이지. 윤란이 끝나지 않았잖아."
이렇게 쓴 글은 나중에 하나의 역사가 될 것 같다. 맞아, 그때 그런 일이 있었지. 입맛도 잃고 고통스러웠던 긴 겨울의 시간. 많은 이들이 '키세스'가 되었던 혹독했던 겨울을 기억하겠지. 봉쇄를 뚫고 어묵 리어카를 끌고 가 그 얼어붙은 키세스들에게 뜨거운 국물 한잔 건네지 못한 후회에 가슴이 저민다. 나는 바보다. 또 그럴 기회가 생긴다면 반드시 가겠노라 다짐한다. 또 난이 벌어진다고? 나는 그럴 거라 생각한다. 이 나라는 정말.

이전에 냈던 책을 창비의 요청을 받아 다시 묶는다. 버리기 아깝다고, 다시 읽어도 좋다고 나를 설득했다. 책에는 수명이 있다. 시의성도 있다. 그럼에도 이 책은 다시 살아날 운명이었던 듯하다. 고치려고 쭉 보는데 이 글을 쓴 십몇년 전에는 글에 뼈가 단단하지 않았나 생각한다. 다시 독자를 만난다니 기쁘고도 두렵다. 옷을 갈아입히고 새 원고도 몇꼭지 더했다. 요리보다 글 쓰는 게 훨씬 힘들다. 요리는 어쨌든 하루가 가면 끝난다. 글은 쓰지 않으면 끝이 없다. 먹자고 쓰는 글인데, 발목 어딘가부터 삭아 내리고 있다.

많은 분들에게 고마움을 전한다. 글에 등장하는 이들에게는 술을 사야지. 이미 떠난 이들에게도 찬술을 바치리라.

2025년 4월
박찬일

작가의 말

저어기, 아리랑고개 너머 정릉 골짜기에 살던 친구 이상구. 2번 버스를 타고 종점에서 내려 언덕을 한참 올라가야 상구네 집이 나온다. 가다 가다 지쳐서 주막에 들러 카바이트 막걸리를 한병 마시고 다시 올라간다. 배는 허룩하고 머리에선 현기증이 났다. 술 마신 뒤라 배가 더 고팠다. 고등학교 잘려서 집에서 빈둥거리던 상구랑 담배를 피우고 있으면 어머니가 밥을 했다. 김치만 몇가지 있는 상에 밥은 고봉이었다. 덩치 큰 상구보다 내가 더 많이 먹었다. 생각해보니 퍼마신 대폿잔이 아페리티프였다.

조금 더 옛날, 중학생 때는 친구 류재풍이네 갔다가 밥을 얻어먹었다. 친구 누이가 내 누이랑 서울여상 동창이었다.

내나 쌀팔 돈 없는 집이라는 뜻이다. 그래도 밥은 하얗게 지었다. 다른 반찬은 기억나지 않고, 묵은 김치를 헹궈서 들기름에 설탕 넣고 볶은 게 기가 막혔다. 아무리 해봐도 그 맛을 재현하지 못한다. 내가 하면 미원을 넣어도 그 맛이 안 난다. 재풍이한테 물어보니, 이제 어머니는 묵은 김치 같은 건 안 볶는다고 한다. 어머니는 연로하시다.

　친구 주상태 어머니가 청계천 고물시장 구석에서 돼지곱창을 볶아 팔았다. 당면을 잔뜩 넣고 맵게 볶다가 손님이 남긴 소주를 확, 부어서 불을 댕겨야 잡맛이 없다고 했다. 그 소주, 그냥 날 주시지. 돼지곱창은 왕십리가 최고라는데, 나는 지금도 상태 어머니 곱창이 윗길이라 생각한다. 어머니가 다시 곱창 장사를 하면 대박이 날 텐데, 아쉽다. 온갖 산해진미에 최고급 술병 모가지도 맘대로 비트는 요즘도 그 곱창에 빨간 상표 진로만 한 술이 없다. 언젠가 그 곱창이 먹고 싶어 갔더니, 가게 뒤쪽으로 포클레인이 파놓은 벼랑이 있었다. 아슬아슬했다. 그래도 곱창집 아주머니들은 끝까지 남아 장사를 했다. 악착같이 매운 곱창처럼 질기게 버텼다.

　이상구, 류재풍, 주상태는 내 중학교 친구들이다. 궁핍한 시절을 같이 보내서 얼굴만 봐도 배가 고파지는 진상들이다.

먹는 일을 글로 써서 책을 펴내는 것이 벌써 여러권째다. 부끄럽다. 나는 순수하게 먹이는 사람이 되고 싶었다. 그것은 소매를 걷어붙이고 밥을 해본 이만이 아는 기쁨이다. 그러나 돈을 받고 밥을 팔게 되면서 그 기쁨을 잃었다. 거기에다 그 밥 파는 이야기를 글로 써서 두번씩 남우세스럽게 되었다. 그래도 부끄러움을 무릅쓰고 글로 밥을 지어 바친다. 맑은 술 한잔을 반주로 맛있게 드시기 바란다.

고모부가 얼마 전에 돌아가셨다. 국민학생 때, 그가 청량리역에 부쳐온 보리쌀 한가마니로 버짐 피던 시절을 넘길 수 있었다. 고모부 살림도 별반 다르지 않았다. 고모부 영정 앞에 절하고 가만히 앉아 있으니 그 보리로 지은 밥 냄새가 났다. 나는 보리밥 안 먹는데, 고모부 생각이 나서 그렇다.

2014년 12월
박찬일